AF244551

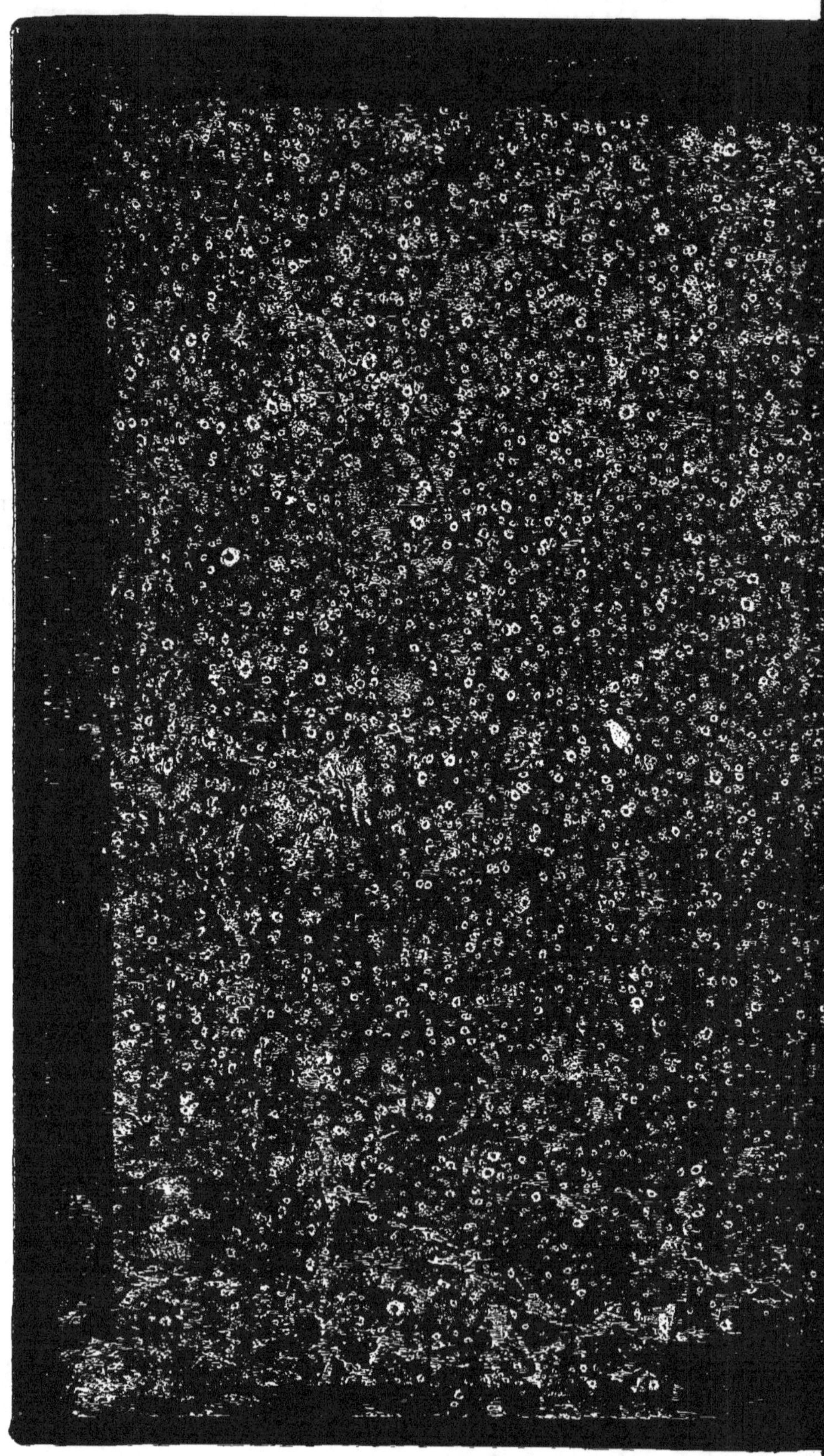

LIVRE QUATRIÈME.

—

LES OUAHABITES.

HISTOIRE

DE

MÉHÉMET-ALI

VICE-ROI D'ÉGYPTE

PAR

PAUL MOURIEZ

... à ne regarder que les rencontres particulieres,
la fortune seule semble décider de l'établissement
et de la ruine des empires : à tout prendre, il en
arrive à peu près comme dans le jeu, où le plus
habile l'emporte à la longue.

BOSSUET.

TOME DEUXIÈME

PARIS

LOUIS CHAPPE, ÉDITEUR, SUCCESSEUR DE SOUVERAIN,
5, rue des Beaux-Arts.

1855

LES OUAHABITES.

I

La Péninsule arabique se trouve placée entre
les cours à peu près parallèles du Nil et de l'Euphrate; les déserts les plus sablonneux et les
plus arides sont contigus aux contrées les plus
fertiles du monde, et le tombeau de la nature
assistait à la naissance des civilisations; la
même tribu nomade erre encore entre les ruines de Memphis et celles de Babylone, qui vivait
aussi pauvre et non moins grossière, au temps
où ces deux illustres cités projetaient leur vif

éclat. Ainsi les lieux où l'humanité va recueillir les plus antiques témoignages de son histoire avoisinent ceux où les traces en sont aussi bien effacées du sol que de la mémoire des peuples. Que le désert soit l'épuisement de la création ou son produit brut, cette antithèse est d'une haute leçon : elle matérialise l'antagonisme du bien et du mal, cette éternelle lutte entre deux principes, symbolisée dans les plus vieilles théogonies ; par une attention, qui semble caractériser la Providence dans toutes ces œuvres, elle place l'image de la mort à côté du plus beau spectacle de la vie.

II

Ce que nous venons de dire ne s'applique qu'à l'Arabie centrale et septentrionale ; la partie sud est arrosée, riche en végétation, et, comme les plateaux éthiopiens, qui occupent de l'autre côté de la mer Rouge une position tout à fait symétrique, elle comprend, à diverses hauteurs, des terres également cultivables, donnant lieu à une grande variété de climats et de productions naturelles. Cette fertilité la fit nommer *Arabie Heureuse* par les premiers géographes. C'est dans cette région seulement qu'on pourrait trouver quelques vestiges d'une ancienne civilisation; si faible et incertaine que soit, chez les Arabes, la tradition des époques anté-islamiques, elle est pourtant très-affirmative en ce qui concerne la puissante monarchie des *Tobbas*, — nom générique analogue à celui des Pharaons, — qui réunissait, dans son domaine, l'Acyr, l'Yémen, l'Hadramaut, et une partie de l'Oman. On cite, parmi les souverains de cette dynastie, la reine *Balkis*, la fameuse reine de *Saba* de l'Écriture, du nom de la capitale, qu'on appelait aussi *Mareb* ou *Mariaba*. A peu de distance de cette ville, dont les auteurs grecs ont fait des descriptions pompeuses, s'élevaient les immenses digues en pierres qu'un de ses premiers rois fit construire entre deux montagnes, pour transformer la vallée comprise en un vaste réservoir alimenté par plusieurs grands torrents, et permettre ainsi de substituer une irrigation régulière aux ravages précédemment causés par ces eaux impétueuses. De là paraissent être nées la fertilité extraordinaire de ce territoire et la prospérité répandue dans sa population. Au reste, les auteurs arabes, auxquels on est malheureusement forcé de re-

courir pour l'élucidation de ce point historique,
sont si peu précis et si peu concordants, qu'il
est tout à la fois impossible d'assigner une date
certaine à la construction de ce vaste édifice, ni
un nom à celui des princes qui en fut l'auteur;
et comme aucun voyageur moderne n'en a reconnu l'emplacement véritable, on en est réduit,
même à cet égard, à de pures conjectures. Il
faut en dire autant de la rupture de ces digues,
dont l'époque non plus que la cause n'ont pu être
déterminées, quoique le fait en lui-même soit mis
hors de doute par la mention qu'on en trouve
dans plusieurs ouvrages, et notamment dans le
Coran. La plupart des auteurs arabes ont attri-
bué la ruine des Sabéens à cet événement, en
le faisant procéder de la malédiction divine.
Il fut sans doute concomitant de leur décadence,
étant en même temps cause et effet; car un peuple
qui laissait tarir, par impuissance ou par abandon, une telle source de prospérité, était néces-
sairement très-proche de sa fin.

A part l'existence incontestable et prolongée de
ce royaume himiarique — (les trois dénomina-
tions *Yémenois*, *Sabéens*, *Himiares*, désignent
les mêmes peuples, la première paraissant être
particulière à leur position géographique, la seconde à leur première religion, la troisième à
leur origine), — toute son histoire porte ce même

cachet d'incertitude; ses relations même avec le
reste de la Péninsule soulèvent des doutes de
plus d'une nature. D'après les plus récentes recherches sur ce sujet, ces relations auraient toujours conservé un caractère d'hostilité, qui serait
bien en rapport avec les situations respectives;
car les hôtes du désert, réduits le plus souvent
à creuser des puits profonds dans le sable
pour nourrir d'une eau saumâtre leurs maigres
troupeaux et leurs chétives cultures, durent
envier sans cesse le beau climat, les grasses
moissons de leurs voisins, et peser perpé-
tuellement sur leurs frontières; mais, faibles
qu'ils étaient, répartis en petit nombre sur une
superficie immense, divisés par des luttes intestines, ils ne parvinrent jamais à faire courir
un danger sérieux à la puissance hymiarite, et la
garantirent au contraire d'un péril bien autrement grave, en s'interposant, eux et leur mortel
territoire, entre les Yémenois et les nations con-
quérantes. Cette double appréciation se vérifie
par deux faits. Les Sabéens n'eurent à subir d'invasions victorieuses que du côté de la mer, une
première fois par les armées du grand Sésostris,
une seconde fois par les Ethiopiens : la conquête
des Perses est beaucoup plus discutable, et ne dé-
buta pas, en tout état de cause, par le Nord. D'autre
part, pour que l'Yémen passât sous le joug des Bé-

douins, il fallut que la prédication de Mahomet et de ses apôtres eût préalablement condensé la force de toutes les tribus en une seule main. Autre remarque non moins importante : les premières invasions, en modifiant peut-être le caractère national des Sabéens, ne détruisirent pas les forces vives de leur société, et laissèrent celle-ci subsister : elle résista même à deux conversions religieuses, dont l'une, le Judaïsme, entraîna la plus grande partie de la population, et dont l'autre, le Christianisme, se compliquait de la domination éthiopienne. La conquête des Musulmans, au contraire, eut pour effet d'amener immédiatement la dissolution de cette nationalité, et loin de s'identifier aucun des éléments de civilisation qu'une si longue existence avait amassés, d'en anéantir jusqu'à la moindre trace, par un procédé analogue à celui qui fut mis en usage en Perse et à Alexandrie.

Certains orientalistes, mus par le désir exclusif d'établir l'unité de la nationalité arabe, non-seulement font des Himiares la souche commune à tous les habitants de la Péninsule, en étendant aux riverains du Nil le bienfait de cette origine, mais vont même jusqu'à émettre l'opinion que les Arabes mahométans héritèrent des sciences et lettres Yéménoises, et y trouvèrent la première source de l'éclat projeté ultérieurement par Bagdaïd et Grenade. Aucune théorie n'est assurément plus contredite par les faits. A supposer que la civilisation mauresque ne pût, *à priori*, être reconnue pour l'hybride produit du génie grec fécondant l'objectivité arabe, il n'est pas vraisemblable que, dans l'hypothèse où les Maures eussent tant pris aux Yémenois, si peu de chose, — pour ne pas dire rien, — en eût transpiré dans leurs écrits.

III

Tout le pays qui s'étend au nord de l'Yémen, entre le golfe Persique et la mer Rouge, paraît être, sinon le désert absolu, du moins le désert entrecoupé par le hasard de quelques eaux vives, bientôt perdues dans les sables. Ces oasis fixent quelques tribus; des villages s'y élèvent, ainsi que de précaires cultures, qui ont encore plus à souffrir des nomades déprédateurs que de l'avarice du sol. Cette conformation de terrain n'a pour extrêmes limites que la chaîne du Taurus, celle du Liban, et le cours de l'Euphrate.

Cet espace semble avoir été l'éternel domaine de ces Arabes errants, réfractaires, depuis la plus haute antiquité, à toute sociabilité, et que nulle épopée conquérante n'a pu comprendre dans son giron; qui refoulèrent les armées de Sésostris et celles de Cambyse, refusèrent de rendre hommage à Alexandre, et engloutirent tant de légions romaines dans leurs sables mouvants; qui, plus tard, après avoir donné l'essor à une troupe guerrière, armée d'une religion nouvelle, et menacé d'asservir le monde, ne voulurent pas accepter la loi de leurs descendants entourés du prestige de la victoire et des richesses, et gardèrent intactes, au sein de leurs déserts, leur ignorance, leur misère, leurs mœurs farouches, et la liberté !

C'est particulièrement dans les populations du centre que ce caractère s'est maintenu; les tribus confinant les anciens Perses, au Nord-Est, subirent l'influence du voisinage de cette puissante monarchie, et s'organisèrent en une sorte de royaume, dit de l'Irak arabique, que les Perses protégèrent pour en être à leur tour protégés contre les incursions des tribus centrales; de l'autre côté, à l'Ouest, les tribus de Gassouan remplirent le même office à l'égard de la Syrie. Quant aux Arabes de la bordure occidentale de l'Hedjaz, placés sur la route de l'Asie-Mineure à l'Yémen, intermédiaires obligés du grand commerce des aromates et des produits de l'Inde, leur contrée fut, dès les temps les plus reculés, fréquentée par

HISTOIRE

DE

MÉHÉMET-ALI

Imprimerie PILLOY et Cᵉ, boulevard Pigale, 50.

SOMMAIRE.

les Phéniciens et les Juifs livrés à ce commerce ; leur esprit s'ouvrit à l'intelligence des civilisations avancées, et leur cœur aux âpres désirs des jouissances matérielles. Pauvres d'ailleurs, en proie aux ardeurs d'un climat de feu, ils étaient tout à fait et les seuls propres à exécuter les entreprises conçues par le génie de Mahomet. Quand le prophète eut dogmatisé ces impérieuses aspirations, il suffit de faire entrevoir aux Arabes fanatisés les femmes des Grecs et les trésors accumulés dans les vieilles cités de l'Empire, pour les rendre invincibles. Telle fut la tâche des premiers califes. Cependant la nouvelle religion avait fait peu de progrès dans l'intérieur du désert, et l'émigration n'y séduisit qu'un très-petit nombre d'ambitieux ; ceci nous est attesté par Mahomet lui-même, qui, dans un passage du Coran, traite les habitants du désert d'*infidèles* et de *rebelles*.

IV

Les destinées de l'Islamisme sont si étroitement liées à son origine, qu'on nous permettra de nous y arrêter un moment : ce sera d'autant moins nous écarter de notre sujet, que nous avons à envisager cette religion surtout au point de vue de la contrée où elle a pris naissance.

Malgré les difficultés qu'elle rencontra dans certaines parties de l'Arabie, l'ensemble des circonstances au milieu desquelles elle se produisit rendit son action irrésistible. On aurait tort d'attribuer sa rapide extension aux caprices du hasard, de même qu'il ne faut pas faire hommage de sa conception tout entière au seul génie d'un homme. Les éléments préexistaient, et le germe en était si près d'éclore, quand parut Mahomet, qu'à son défaut un autre génie se fût révélé et eût rempli sa tâche. Les hommes ont plus de pente à imaginer de fausses vocations qu'à manquer aux missions véritables : Mahomet lui-même eut deux ou trois concurrents submergés dans sa haute fortune. Les prophètes aussi ont leurs destins.

Quand naquit Mahomet, depuis près de deux siècles déjà le Christianisme avait pénétré dans le bassin de la mer Rouge ; mais, là comme partout, il n'avait apporté d'autre progrès indiscutable que le dogme de l'unité divine, convenablement préparé d'ailleurs par les efforts antérieurs de la propagande judaïque. Le côté mystique de la religion du Christ échappait aux barbares par la simplicité de leur raison, tout comme il se dénaturait dans les vieilles sociétés par l'abus même du raisonnement. Aucun culte du monde n'est hostile à la reconnaissance d'un Dieu, souverain créateur de toutes choses; mais les instincts objectifs de l'humanité exigent des dogmes qui satisfassent son esprit et ses passions. Les mystères de notre religion ne pouvaient pénétrer dans le cerveau de l'Arabe, parce qu'ils ne trouvaient aucun écho dans son cœur; vivant dans un état voisin de l'isolement absolu, sans cesse accablé du sentiment de son infimité vis-à-vis de la grandeur de la nature, il ne se sentait coupable que de faiblesse; la doctrine du renoncement pouvait bien séduire les maîtres du monde, gorgés de richesses, rassasiés de jouissances : il n'était apte, lui, à goûter que celle de la protection. Ce sentiment est primordial dans la créature; il est la base de toute religion, et ne s'apaise que lorsque le développement social lui a donné quelque garantie. Du fétichisme, qui est son expression toute individuelle, à l'idolâtrie, il y a un pas marqué par la concentration des forces matérielles et morales de la famille ou de la tribu. Mais le Sabéisme ou l'adoration des astres, qui régnait presque généralement en Arabie lors de l'apparition de Mahomet, était déjà un terme élevé du progrès religieux; il avait un culte très-bien organisé dans l'Yémen, et ses adeptes croyaient intimément à un Dieu unique, esprit et âme de l'univers, auquel étaient soumis les astres, comme autant de dieux subalternes. Le principal objet de leur vénération était le soleil qui mûrissait leurs moissons, et qu'ils regardaient comme le principe même de toute vie, les étoiles n'étant que des divinités inférieures, implorées comme médiatrices auprès de l'Etre suprême. Les Arabes du désert, moins redevables au soleil, habitués à goûter le calme et la fraîcheur de leurs nuits constellées, prenaient volontiers comme arbitres de leurs destinées ces étoiles, dont les mouvements astronomiques, qu'ils avaient tout loisir d'observer, leur paraissaient être les manifestations d'existences et de volontés individuelles; chaque tribu en adoptait une comme protectrice spéciale, et lui élevait des statues, qui n'en étaient que l'informe représentation typique. Le Magisme s'était aussi introduit dans certaines localités avec les Persans. Enfin, si l'on ajoute aux traces profondes laissées par le Judaïsme, les efforts que faisait le Christianisme pour jeter des racines dans le pays, on aura une idée de la confusion qui résultait de la lutte de toutes ces sectes, dont aucune ne pouvait primer les habitudes traditionnelles des Arabes. C'est ce que Mahomet comprit instinctivement; homme de toutes les aptitudes, il s'était

élevé par le commerce et les voyages, d'une condition inférieure de fortune à une honnête ai-
sance ; dans des pérégrinations qui avaient embrassé la Syrie et l'Yémen, il s'était trouvé en
contact avec cette effervescence qui régnait du
nord au sud ; il avait pu remarquer en même
temps que le principe de l'unité divine ébranlait
fortement l'idolâtrie de ses compatriotes, et qu'il
ne restait plus, sur cette base fondamentale, qu'à
fixer objectivement leur virtualité religieuse. S'il
ne vit pas la grandeur de cette œuvre d'une
manière aussi nette que nous l'exposons ; si,
pratiquement, il ne voulut dans l'origine qu'augmenter sa considération et son influence de
celles qui s'attachent à un chef de coterie ; si
même sa doctrine n'est pas le fruit d'un concept
unique, et révèle un travail d'agrégation, quel-
quefois hésitant, et prenant son essor au fur et à
mesure que le succès élargissait la perspective, —
il n'en est pas moins certain qu'à un âge où la
majorité des hommes penche pour le repos, il
s'appliqua à cette tâche avec une énergie et une
persévérance que les difficultés et les persécutions
ne purent décourager, et qui sont les attributs
ordinaires des personnalités manifestement délé-
guées par la Providence.

Quoique habilement dissimulées, on trouve dans
le Mahométisme la tradition juive et la morale

chrétienne, mais assujetties aux tendances, aux besoins, aux préjugés existants chez les Arabes; le culte n'est lui-même qu'une nouvelle interprétation des pratiques usitées chez les peuples orientaux de temps immémorial. Mahomet était né à la Mecque, d'une famille spécialement attachée au service du temple de la Kâba. Ce temple jouissait dans toute l'Arabie d'une grande réputation de sainteté depuis Abraham, son fondateur; on y venait de tous les points adorer les idoles que la piété des diverses tribus y avait élevées; on apportait en même temps les produits échangeables, propres à chaque localité, et cet enlacement des liens commerciaux et religieux avait fondé la prospérité de la ville sainte. Chassé de la Mecque dès les premiers temps de sa prédication, Mahomet y rentra en vainqueur, brisa les idoles, mais maintint la féconde coutume du pèlerinage. Le même événement lui donna lieu de fixer un point pratique important. C'était un usage chez tous les peuples d'Orient de se tourner dans leurs prières d'un certain côté; ainsi les Juifs se tournaient vers Jérusalem, les Arabes vers le temple de la Mecque, les Sabéens vers l'étoile du Nord. Jusque-là le Prophète s'était tourné vers Jérusalem quand il priait; mais après avoir renouvelé la consécration du temple de la Kâba, il adopta l'usage des Arabes, autant par déférence

pour eux que pour s'éloigner des pratiques jui-
ves. Le Ramadan fut institué en imitation du
grand jeûne de l'expiation, établi chez les Juifs.
Là où régnait la promiscuité depuis la Genèse,
Mahomet ne put que décréter la polygamie : la cir-
concision, l'interdiction des viandes malsaines,
les ablutions, toutes pratiques hygiéniques, sont
d'origine judaïque. Mahomet y ajouta l'abstention
du vin, dont les abus sont pernicieux dans les
climats chauds. Quant à sa doctrine des récom-
penses et des peines, ce qu'on peut appeler le ressort de sa religion, le Prophète en puisa l'esprit
dans le dogme chrétien, et le rendit tangible au
caractère arabe. Cette application est flagrante
par les degrés qui sont donnés à ce grand principe : si le moins bien partagé des croyants
peut compter, dans le Paradis, sur quatre-vingt
mille serviteurs, tous jeunes, tous beaux ; — s'il
a droit de choisir soixante-douze épouses parmi
les houris, outre les femmes qu'il a eues sur la
terre, — celles-ci n'étant pas obligatoires ; — s'il
habite une tente toute garnie de perles, de
diamants et d'émeraudes ; — s'il ne mange que dans
des plats d'or, servis par trois cents esclaves
trois cents mets à chaque repas, avec un appétit
qui n'a de limite que sa volonté ; — s'il peut boire
impunément d'un vin qui n'enivre pas ; — s'il est
toujours jeune, toujours dispos ; — s'il a autant

d'enfants qu'il peut le désirer ; « qu'est-ce que toutes ces jouissances, couronnées même par la divine musique d'Israfil, » dit le Coran, « comparativement à *la joie éternelle, accordée aux plus méritants, de contempler matin et soir la face de Dieu?*

Dès que Mahomet se vit à la tête d'un certain nombre de prosélytes, il résolut d'employer la propagande coërcitive, et l'Islamisme devint dans ses mains un puissant levier gouvernemental ; médecin, législateur, pontife et souverain, il réunit sur sa tête la plus grande somme de pouvoir qu'un homme peut exercer sur la terre ; agissant en vrai mandataire du Très-Haut, il voulut, dans sa loi écrite, tout comprendre, tout prévoir, suffire à tout et à tous, aux besoins de l'espèce comme à ceux de l'individu, régler le présent et enchaîner l'avenir : il ne prévit point qu'en scellant ainsi sa doctrine, il y enfermait à tout jamais le germe de sa décadence, qu'en clouant l'un à à l'autre le pouvoir politique et l'autorité religieuse, il rendait cette dernière responsable des errements du premier, ou celui-ci incapable et nul de fait. Tout ce qui est absolu est faux, au point de vue humain. Une religion ayant la prétention d'être d'essence divine, est toujours, plus ou moins, une définition de l'infini, une immobilisation du mouvement : rien de ce qui caractérise la vie active ne lui est propre. Au contraire,

la politique est la suprême expression des forces
vives de l'humanité; elle aspire sans cesse à marcher, quand l'autre trouve sa satisfaction dans le
repos. Voilà pourquoi la politique tend incessamment à se séparer de la religion, et qu'on ne les
a jamais vues s'avancer de concert, de quelques
mémorables efforts dont cette prétention, commune à toutes les sociétés, aient été la source.

Les suites de l'Islamisme ne pouvaient pas tar-
der à mettre en lumière cette importante vérité;
le discord commença dès les premiers successeurs du prophète. Mahomet avait grandi sous le
bénéfice de la croyance qui le regardait comme
l'interprète de Dieu, et le seul : par cela même
cette cause d'infaillibilité échappait à ses héritiers.
Aussi, l'élément humain reprenant avidement ses
droits, le propre testament politique du prophète
fut violé. On connaît l'origine du grand schisme
qui rompit l'unité de l'Islamisme. Dans une expédition de Mahomet, Aïcha, la plus jeune de ses
femmes, dont il ne se séparait jamais, tant il avait
pour elle d'affection, fut soupçonnée de galanterie
avec un jeune homme de l'armée; les principaux
officiers du prophète, son gendre Ali en tête, vinrent lui dénoncer le crime, en insistant pour que
la punition fût prompte et sévère. Mahomet, avant
d'agir, voulut consulter l'Esprit divin : la réponse,
à ce qu'il paraît, exonéra son épouse, car il

proclama son innocence à la face de tous, et fit infliger quatre vingts coups de fouet à chacun des calomniateurs. Cette expiation aurait dû éteindre la rancune d'Aicha : il n'en fut rien. Ali avait été explicitement désigné par le prophète pour lui succéder, à défaut d'un fils ; néanmoins, à trois reprises, Aicha, par ses intrigues, parvint à le faire exclure du califat. Voyant ses efforts échouer pour la quatrième fois, et Ali sur le point d'être nommé, elle lui suscita pour ennemis, Amrou, gouverneur d'Egypte, et Mouaia, gouverneur de Syrie : ce dernier se fit proclamer Calife (1) à Damas. La guerre éclata : Ali fut tué par la main d'un assassin, et plus tard son fils Hocein, qui lui succéda, eut le même sort. Ces morts rendirent les deux partis irréconciliables ; passant de considérations tout politiques et humaines, à l'interprétation du dogme, la querelle s'échauffa, et donna lieu à deux sectes qui ont toujours vécu dans l'inimitié, et se taxent mutuellement d'hérésies, celle des Chiites, qui tiennent pour la légitimité d'Ali, et celle des Sunnites, reconnaissant Abou-Bekr, Omar et Osman, comme les véritables successeurs du prophète. D'ailleurs le Coran était peut-être admirablement inventé pour les Arabes pauvres, et pour les mener à la conquête ; mais pouvait-il être un frein suffi-

(1) Successeur.

sant aux Arabes conquérants? Si leurs passions se
développaient au contact du luxe et de la civilisation, leur esprit s'initiait aussi à l'examen et
à la controverse; dans sa prévoyance, le Coran
avait bien défendu de répondre aux objections
des infidèles : mais avait-il interdit les commen-
taires sur son propre texte? N'a-t-il pas lui-même
donné lieu aux discussions subtiles qui confu-
sionnèrent le deuxième siècle de l'Hégire, et s'ai-
grirent sous des levains personnels? Le Coran
n'empêcha point les Califes de faire succéder les
voluptueux loisirs du sérail aux fatigues de la
guerre : de là perversion de la loi suprême de
l'Islamisme, abandon de la chaire du prophète
aux Emirs, lutte de l'interprétation rationnelle
contre le droit armé. Ce n'était pas assez
des disputes des Chiites et des Sunnites, une
querelle de succession à l'*Imamat* amena bientôt
une profonde division chez les premiers, et engendra la redoutable hérésie des *Ismaëlis*, qui ra-
vagèrent l'empire des Califes en Afrique et en Asie,
et se fractionnèrent en plus de soixante sectes, laissant toutes s'introduire dans la pureté du dogme
les plus grossières des antiques superstitions propres aux peuples au milieu desquels ils s'établi-
rent, afin de fuir la guerre à outrance que leur
faisait l'autorité régulière.

V

Du moment où les Islamites, entraînés par l'avidité des conquêtes, eurent abandonné l'Arabie, celle-ci tendit à leur échapper politiquement, et ses diverses parties à rompre le lien commun que leur avait donné Mahomet. La différence des localités se fit encore sentir dans cette réaction. L'Yémen, toujours plus gouvernable que le reste de la Péninsule, demeura sous la domination des Califes ommiades et abbassides pendant les trois premiers siècles de l'Hégire; mais cette domination ne fut jamais entière, elle eut toujours à lutter contre les petits princes voisins, descendants à divers degrés de l'ancienne famille régnante. Ils finirent par chasser les gouverneurs envoyés de Bagdad, et se maintinrent indépendants jusqu'à l'époque où le frère de Saladin s'empara de l'Yémen, et l'adjoignit à l'empire des *Ayoubites*. Les Yémenois secouèrent encore ce joug, pour retomber sous celui des Turcs au seizième siècle, lors des conquêtes de Sélim Ier. Cet état de choses ne fut pas plus durable que les précédents, et en 1630, les indigènes, dans un suprême effort, expulsèrent les Ottomans. Ils se sont depuis lors gouvernés par eux-mêmes.

L'Hedjaz fut associé plus étroitement aux destinées des héritiers du prophète; l'importance des villes saintes de la Mecque et de Médine l'assujettit toujours à celle des puissances islamites qui acquit la prédominance. Toutefois, cette sujétion fut encore plus nominative que réelle, vu l'indiscipline absolue des tribus de cette région. L'état moral et matériel de ces Arabes se refusa à toute amélioration; ils n'étaient susceptibles d'aucun autre fanatisme que celui de la rapine, et s'ils n'interceptaient point tout à fait le pèlerinage, ce n'était qu'en considération des aubaines régulières que leur procurait le rançonnement des caravanes : encore ce cas extrême se produisait-il lorsque les hordes centrales poussaient leurs excursions jusqu'au littoral de la mer Rouge : plusieurs fois le monde mahométan fut, par ce fait, plongé dans la consternation. Le sultan Sélim 1er voulut délivrer la religion de cette honteuse dépendance ; le premier, il se fit appeler dans la prière publique, dite *Kouibé* (1), le serviteur et le protecteur des deux villes saintes, et pour que le pèlerinage pût désormais s'accomplir en toute sûreté, il créa les charges d'*Emir-Hadgi*, remplies par un bey mame-

(1) Pour la conservation des jours du sultan.

louk et un pacha de Syrie, qui escortaient les caravanes, chaque année, à la tête de forces militaires suffisantes.

Cette institution se pervertit par l'effet de la décadence de l'empire ottoman; obligés de tourner leurs regards et leurs efforts vers les provinces du Nord menacées, les sultans ne purent tenir en bride leurs grands feudataires du Sud. Plutôt que de combattre, les émirs hadgis préférèrent acheter aux Bédouins le droit de passage, et finirent eux-mêmes par accabler les pèlerins d'exactions; si bien que la Porte préféra s'entendre avec l'émir de la Mecque directement, et s'engagea à lui payer par année une somme considérable, moyennant laquelle la route fut garantie libre à la caravane. Mais l'an 1694, sous le sultan Achmet Ier, cet émir, sous prétexte de défaut de paiement, se mit à la tête des tribus, fondit sur les pèlerins qu'il trouva sans défense, les dépouilla, et en réduisit soixante mille en esclavage. Les Turcs, irrités de cet outrage, envoyèrent une armée pour en tirer vengeance : après avoir perdu beaucoup de monde par des marches dans le désert, et par des escarmouches sans résultat possible contre un ennemi insaisissable, ils furent obligés d'en passer par tout ce que voulait l'émir, qui non-seulement les contraignit de s'acquitter envers lui, mais encore exigea d'eux la rançon des pèlerins qu'il retenait captifs.

Pareil fait se renouvela sous le règne d'Osman III, en 1757; quelques années plus tard eut lieu l'expédition d'Ali-Bey, le mamelouk, qui, après s'être emparé de la cité sainte et l'avoir livrée au pillage, se fit proclamer sultan d'Égypte par le chérif, qu'il déposa ensuite : cependant il se passa peu de temps avant que les habitants, aidés des Arabes du dehors, n'eussent chassé les Mamelouks et rétabli leur chérif.

VI

Mais, il faut le répéter, les Arabes sur lesquels le mahométisme a exercé le moins d'influence, ceux dont il n'a nullement altéré les mœurs primitives, habitent la vaste région comprise entre les frontières de l'Hedjaz et le golfe Persique; leur nom générique est *Bedaoui*, c'est-à-dire hommes du désert; leur existence n'a pas cessé d'être patriarcale, et leur société est encore le plus élémentaire développement de la famille. Le chef en est ordinairement le membre le plus âgé, et se nomme *Cheik;* plusieurs familles se groupent autour d'un cheik plus riche, plus puissant par le nombre des siens, et forment la tribu. Ce cheik des cheiks est un Emir. Ce commandement devient la propriété d'une famille, où il se fixe par voie d'élection, et la tribu, pour se distinguer des autres, prend le nom collectif de *fils d'un tel,* du nom du chef qui a présidé à sa formation, ou de celui dont elle reconnaît la loi: ainsi on dit, les *Beni-Harb,* les *Beni-Tamin,* les enfants de *Harb* et de *Tamin.* Souvent même cette désignation s'applique au territoire habituellement occupé par la tribu.

Ces tribus sont en guerres continuelles pour un puits, pour une source, pour un pâturage; la plupart sont nomades, et n'ont que leurs troupeaux pour vivre; elles habitent sous des tentes basses, tissues en poils de chèvre ou de chameau. Quand le bétail a épuisé un endroit, le camp est levé et porté à un autre: l'ensemble des localités que parcourt ainsi une tribu, constitue son domaine, et tout empiétement d'une tribu voisine donne lieu à des hostilités. Ces campagnes se terminent d'habitude en une seule rencontre, qui, au premier choc, amène la déroute et la fuite d'un des partis. La nuit et le désert le dérobent au vainqueur. Mais il reste de ces combats des haines vivaces, et la *loi du sang* qui, là, comme en

Corse, exige que le plus proche parent du mort exerce le talion sur un des membres de la famille du meurtrier, si ce n'est sur le meurtrier lui-même. Ces *vendette* se transmettent héréditairement, et ne cessent que par l'extinction de l'une des races, ou bien par le *rachat du sang*, fait à conditions débattues.

Ces fréquentes occasions de disputes, et le jeu naturel de l'ambition ou de l'impéritie des chefs, produisent des variations continuelles dans le sort respectif des tribus : les unes s'abaissent, les autres s'élèvent, grandissent, enferment un grand nombre de familles dans le cercle de leur alliance : il se fait là un continuel travail d'agrégation, dont malheureusement les résultats sont instables comme le sable mouvant du sol où il essaie vainement de fonder un état social. Une année de sécheresse compromet le sort d'une ou plusieurs tribus, et les force à des migrations qui deviennent la source de guerres sans fin. Le contre-coup de ces calamités réagit surtout sur les tribus agricoles, qui, établies à poste fixe, en certains points des plateaux élevés, offrent des mœurs plus sociables et un caractère plus pacifique.

Le désert, qui est toujours la sauve-garde de l'Arabe, met donc aussi un obstacle infranchissable à son émancipation ; et jamais, mieux que dans cet exemple, la nature n'a révélé l'harmonie de ses créations. En tous points, aussi bien que sous le rapport physique, l'Arabe n'est-il point le miroir du désert? Examinez-le, c'est la créature humaine la plus voisine de l'abstraction : il est sec, grêle et agile; les muscles sont économisés dans son organisation : il n'a que des tendons. Par le plus violent exercice, sous ce climat torride, c'est à peine si une goutte de sueur perle sur son front; « la peau de son ventre colle à son dos, » dit Volney, et cette pittoresque image rend bien la minceur phénoménale de sa taille, lorsqu'il n'a pas dans l'estomac sa chétive pitance de chaque jour, à savoir cinq ou six dattes trempées dans du lait ou tout autant de boulettes de riz à moitié cuit. Souvent l'Arabe ne peut pas même y joindre quelques gorgées d'eau, et alors il reste plusieurs jours sans boire; si la soif le presse trop, il ouvre, dit-on, une veine au front de son chameau, et se désaltère avec son sang. Ce sont ces hommes dont la vue est si perçante, qu'ils distinguent un parti ennemi, sa force et sa direction à des distances où d'autres yeux que les leurs apercevraient à peine une ombre; dont l'odorat est si fin, qu'au flair des *fumées* du chameau, ils apprécient exactement le temps qui s'est écoulé depuis son passage. Pareille économie se montre dans la nature morale et intellectuelle de l'Arabe; elle est fine et aiguë, à défaut de force et de résistance ; il concentre l'activité de son esprit et l'énergie de ses désirs en des points qui intéressent presque exclusivement sa conservation : pour tout le reste, il n'est pas seulement indifférent, il est mort. Il n'a aucune curiosité, aucune subjectivité, aucune initiative, en dehors du cercle très-restreint de son existence précaire. Quelques contes, d'une primitive et sauvage simplicité, suffisent à son imagination depuis des siècles : le même narrateur privilégié les répète chaque soir, sans la plus légère variante, à des auditeurs, qui l'écoutent avec une satisfaction toujours la même. La parcimonie de fluide avec laquelle a été formé l'Arabe fait qu'il ne pleure jamais : il est cependant plus triste que gai ; mais c'est une mélancolie qui n'est pas formé d'idées sombres, et sa gravité est plutôt vide que sérieuse. Il combat, sinon sans courage, du moins sans enthousiasme ; il cède au premier choc, il a horreur du sang. Il est plus besogneux que cupide, plus prévoyant qu'avare, plus résigné que patient. L'hospitalité des Arabes, si abusivement célébrée dans les livres, est, entre eux, l'échange d'une banale politesse, et, vis-à-vis des étrangers, la sollicitation d'un présent, si ce n'est le prélude d'un dépouillement complet. L'Arabe met un certain calcul dans ses déprédations ; il rançonne plus volontiers qu'il ne pille, pour laisser l'occasion se renouveler ; il a la probité des vo-

leurs intelligents : il tient à sa parole, à la foi jurée,
tant qu'il pense s'en promettre quelque bénéfice.
En un mot, s'il n'a pas la vigueur, l'élévation des
natures passionnées, il est aussi exempt des bas-
sesses, des crimes, et parfois des lâchetés dont
elles se rendent coupables.

VII

Cette race a toujours été d'un danger sérieux
pour les nations islamites et même pour la religion. C'est dans son sein que se produisirent les dé-
générescences les plus pernicieuses du type religieux primitif; c'est dans ses déserts impénétrables
que les hérétiques refoulés trouvèrent continuel-
lement un asile et des prosélytes. Au début de
l'Islamisme, la secte des Ismaëlis convertit à son
principe plusieurs tribus redoutables du Nedjd,
entre autres les Karmates, dont le nom fut la terreur de l'empire des Califes, et qui ruinèrent la
Mecque de fond en comble. C'est parmi les mêmes
tribus que s'est élevée la secte moderne des Ouahabites, dont la grossière propagande faillit, au com-

mencement de ce siècle, embrasser tout le midi de l'empire turc.

Le Nedjd, dont le nom vient de *Nadjada*, être élevé, est la partie centrale et moyenne de l Arabie; elle comprend en général des pays élevés où le bénéfice de certaines eaux courantes a permis à plusieurs tribus de fonder des établissements plus remarquables que dans les parties basses du désert, — appelées *Téhâma*. Cette contrée est également célèbre par la beauté et l'excellence de ses chevaux, recherchés dans tout l'Orient.

Le fondateur de la nouvelle secte naquit dans une des plus petites tribus du Nedjd, l'an 1696; il était fils d'un cheïk nommé *Abd-el-Ouahab*, c'est-à-dire fils du généreux, — Ouahab étant la trente-unième des quatre-vingt-dix-neuf apellations de Dieu dans le chapelet des Musulmans. Il avait nom Mohammed, et descendait en ligne directe de Mahomet, circonstance fort heureuse pour son appel à l'attention de ses coreligionnaires, attendu que les Arabes ne reconnaissent d'autre noblesse que celle de la famille du prophète. Il prit conséquemment le nom de *Mohammed-ebn-abd-el-Ouahab*, ou Mohammed, fils d'*Abd-el-Ouahab*, suivant un usage que nous avons signalé plus haut, et les zélateurs de sa doctrine adoptèrent dans la suite celui des *Ouahabites*.

Cette doctrine a pris assez d'extension, et fait

assez de bruit pour que son auteur fût de son vivant sanctifié, et pour que sa mission ait joui, après coup, du bénéfice d'une annonce surnaturelle. Son grand-père eut un rêve; il lui sembla voir sortir de son nombril une flamme qui se répandait au loin et dévorait tout sur son passage. Interprété par les cheiks de la tribu, ce songe indiquait suffisamment le rôle du réformateur.

A l'instar du prophète, le jeune Mohammed développa ses qualités naturelles par les voyages; son père, auquel il devait succéder, l'envoya étudier à Bassora; ultérieurement il accomplit ses dévotions à Médine et à la Mecque. De retour dans sa patrie, il prit femme et se fixa à Horemla, dans un village distant d'une vingtaine de lieues de celui où il était né. C'est là que lui vint le goût de la prédication. Malheureusement les habitants de la localité avaient des mœurs assez relâchées, et l'austérité du puritain, jointe aux vifs reproches qu'il ne cessait de leur faire sur leur conduite, les indisposa si fort contre lui, qu'ils méditèrent de s'en débarrasser en lui ôtant la vie. Prévenu à temps, le cheik échappa par la fuite à ce sort funeste, et revint habiter son village natal, *El-Aïné*. Le Nedjd était alors dans une phase politique qu'il convient de signaler. A l'époque de la naissance du cheik Mohammed, sa tribu était fort

appauvrie et réduite ; sous l'empire de la loi qui
interdit les mariages d'une tribu à l'autre, cette
décadence était le pronostic d'une ruine radicale
et prochaine. Dans le cours de ses pérégrinations,
cette tribu s'accointa de deux autres, qui n'étaient
pas en meilleur état, celles des *Aïnesés* et des
Atoubs. Toutes trois, renonçant aux us et cou-
tumes de leurs ancêtres, mêlèrent leur sang,
et n'en firent plus qu'une, qui acquit en peu de
temps une consistance remarquable, autant par
ses conquêtes que par le soin qu'elle eut de s'assimiler les populations de son voisinage : vingt ans
après, elle formait l'État le plus redoutable de tout
l'Arabestan. C'était là un des plus frappants
exemples de virtualité sociale que devaient donner les Arabes nomades. Cette nation embryo-
naire avait élu un chef, qui s'intitula Prince, et
établit sa résidence dans la ville de Deriyè. Ce
chef avait nom *Ebn-Saoul*. Le cheik Mohammed
resta pendant sept ou huit ans dans son pays, suffisamment protégé par la considération et le respect qui s'attachaient à ses qualités bien recon-
nues ; mais au bout de ce temps, ses aspirations ardentes au despotisme spirituel éprouvèrent le besoin
d'un soutien temporel, et la façon plus que légère
dont il en usa avec la vie de ses compatriotes lui
fit courir parmi eux le même danger auquel il
s'était soustrait en quittant son précédent séjour.

Dans cette conjoncture urgente, il eut recours à Ebn-Saoud, avec lequel il était déjà en relation, en sa qualité de lettré et de réformateur. Le prince lui envoya une escorte pour protéger sa retraite jusqu'à Deriyè, et l'invita à demeurer dans cette capitale. Il arriva que les goûts à l'apostolat du nouveau venu cadrèrent merveilleusement avec les desseins ambitieux du monarque de fraîche date, et que chacun d'eux crut trouver dans l'autre un instrument utile pour le succès de ses prétentions. C'est par une raison de ce genre que les petits princes d'Allemagne se firent luthériens. Donc Saoud convertit les siens, et devint le bras séculier de la doctrine dont le cheik Mohammed s'installa comme le grand pontife. Assurée désormais d'un centre d'opérations, la propagande commença à irradier aux alentours, sous forme d'invasions, de pillage et de massacre; les tribus les plus voisines, dépouillées et assujéties, s'empressèrent de se joindre aux vainqueurs pour en dépouiller d'autres, et celles qui étaient éloignées evitèrent un sort tout pareil en consentant à payer un tribut. Quelques mots sur le fond de la doctrine du cheik Mohammed ne seront point ici hors de propos.

VII

En même temps que les hérésies altéraient le type primitif du dogme mahométan, le culte avait dégénéré sous l'empire des traditions et des besoins de latrie permanents dans l'humanité ; — double mouvement qu'on peut considérer comme étant propre à l'activité intellectuelle et morale de l'homme, et qui devait se produire, quelque soin qu'eût pris Mahomet pour rendre ses principes immuables.

Après avoir accepté la divinisation du prophète, il était naturel que le peuple sanctifiât ses successeurs, mais ceux-ci ayant abdiqué le pontificat, la vénération populaire passa à ses interprètes religieux, et descendit des imans et des muphtis, jusqu'au dernier cheik ayant assez de foi ou d'habileté pour en imposer au vulgaire ; les litanies mahométanes se remplirent ainsi d'une quantité de *santons*, que la superstition honora d'un culte moins général, mais tout aussi fervent, que celui rendu au Très-Haut ; une foule de pratiques s'implantèrent dans l'esprit des musulmans au préjudice des prescriptions du Coran. Enfin, l'autorité religieuse se démocratisa tout à fait : une portion du sacerdoce tomba aux derviches hurleurs, tourneurs et jongleurs ; les *melbous* (possédés) donnèrent en public le spectacle de leur frénésie révérée, et des malheureux, privés de raison, furent les priviligiés de l'Esprit. On était déjà loin de la profession de foi musulmane et de sa sublime simplicité : *Il n'y a qu'un Dieu, et Mahomet est son prophète.* Mais ne semble-t-il pas que l'idée de la Divinité ait toujours été accablante pour l'homme, et qu'il n'ait jamais su accumuler trop de voiles entre sa faible raison et cette idée terrible?

Le cheik Mohammed eut le sentiment de la perversion où était tombée la religion musulmane ; ses premières prédications ne s'attachèrent qu'à la signaler et à ramener ses disciples à l'orthodoxie du Coran. Plus tard, et son zèle s'échauffant avec sa personnalité, il alla plus loin et dépassa le but, à l'exemple de toutes les réactions; il proscrivit toute espèce de culte, tout hommage rendu à Mahomet, et réduisit la formule de l'islamisme à la confession seule de l'existence et de l'unité de Dieu. Selon lui, le soi-disant prophète n'était qu'un homme de bien, assez estimé du Seigneur pour avoir été l'intermédiaire par lequel le livre divin était venu à la connaissance des hommes : il fallait donc le laisser jouir en paix des récom-

penses célestes que lui avaient values ses vertus
sur la terre, sans l'importuner de prières ineffi-
caces, et qu'il n'appartenait qu'à Dieu seul de
juger et d'exaucer. Cette restriction, sauf laquelle le cheik adoptait le Coran en son intégrité, ne s'élevait que contre la première des *Kaditz*,
ou traductions orales : il finit par les rejeter toutes, faisant en quelque sorte table rase sur la
suite des temps islamiques. Mais dans l'esprit du sectaire, la proscription religieuse du
prophète n'était point sans une arrière-pensée
d'usurpation; loin de se désintéresser dans l'ère
nouvelle qu'il voulait ouvrir à ses coreligionnaires, le rusé cheik eut la précaution d'abjurer
son nom de Mohammed, pour mieux rompre avec
le vieux monde mahométan, et de prendre celui
d'Abd-el-Ouahab, qui servit à la désignation de
ses adeptes. Réformistes ou réformateurs, la première racine de leurs systèmes est toujours l'orgueil.

Jusque-là, le ouahabisme ne présentait pas avec
le musulmanisme, tel qu'il était pratiqué, des
différences assez radicales pour ne pouvoir être
conciliées. Toutefois, cette légère variante du
dogme fut le point de départ d'une divergence
absolue en morale. Le cheik Mohammed, impu-
tant à cette prétendue erreur dogmatique tous les
vices, tous les abus inhérents à l'humaine nature,

les poursuivit chez ses adversaires avec l'étroit rigorisme du puritain fanatique, et légitima, par sa propre intolérance, les persécutions et les sévices dont ses partisans devinrent plus tard victimes. Ce n'était pas assez d'exiger des fidèles musulmans une plus exacte observation des jeûnes, des prières, des aumônes ; de réprimer le libertinage, le jeu, l'ivrognerie, l'usure : il condamna sévèrement le luxe, ne permit qu'aux femmes de porter des vêtements de soie, et interdit même aux siens l'usage innocent du tabac. Dans sa passion d'humilité et d'égalité, il atteignit jusqu'à la religion de la mort, ce premier rameau de la piété humaine ; s'appuyant sur ce passage du Coran, *le meilleur tombeau est la terre*, il défendit aux siens d'élever aucun mausolée à leurs morts, et leur prescrivit de démolir tous ceux qu'ils trouveraient sur leur passage. On voit que le cheik Mohammed était un de ces tristes niveleurs dont le cerveau manque d'équilibre, et qui reportent sur une idée abstraite toute l'ardeur d'un tempérament véhément. N'est-il point particulier que chaque fois que la raison pure a mêlé son intervention aux choses de ce monde, elle n'ait fait, socialement parlant, qu'une sottise !

VIII

Le ouahabisme ne parvint pas tout d'un coup à l'ensemble doctrinal que nous venons d'esquisser, et sans l'appui qu'il rencontra dans l'émir Saoud, il est probable que la plupart de ses préceptes n'eussent eu le temps ni l'occasion de se formuler. Ce prince était un homme de génie, qui saisit d'un seul coup d'œil l'excellent effet qui résulterait pour ses soldats de l'application de pareils principes : réussir à rendre fanatiques de pauvreté des gens qui avaient à peine de quoi manger, c'était un coup de maître. Pour mieux mettre en honneur cette vie de privations, Saoud s'y astreignit lui-même : on ne le voyait ni mieux vêtu, ni mieux nourri qu'aucun de son armée. Il réduisit encore la portion de chaque homme, et remplaça les chevaux par des dromadaires, aussi vites et bien moins difficiles à nourrir : chacun de ces animaux servait de monture à deux cavaliers et portait pour vingt jours de provisions. Un petit sac de farine, une outre d'eau suspendue au pommeau de la selle, et un plat de bois pour délayer la farine et l'avaler sans la faire cuire : tel était le simple attirail des armées, ou plutôt des foules ouahabites ; et si l'on considère que le dromadaire fait trente lieues d'une seule traite avec une petite pelote de pâte dans l'estomac pour plusieurs jours, on comprendra facilement comment Saoud pouvait porter avec rapidité des forces considérables sur un seul point, quelque éloigné qu'il fût, et on aura la raison de ses succès contre toutes les tribus qu'il attaqua. On a compté, réunis, jusqu'à 40,000 de ces cavaliers dromadaires, appelés *madoufas*.

En 1765, lorsque mourut Saoud, il avait soumis toutes les tribus qui environnaient Deriyé, sa capitale, et le ouahabisme s'étendait sur le haut plateau du Nedjd dans un rayon très-respectable. Saoud avait un fils, Abd-el-Aziz, qui, du vivant de son père, dirigeait déjà les expéditions, et s'était acquis l'estime des siens par sa bravoure et ses talents militaires. Précédemment à la mort du chef, le cheik Mohammed fit reconnaître, par le peuple ouahabite, Abd-el-Aziz comme héritier du pouvoir temporel, en réservant à l'aîné de ses fils, le cheik Hussein, la succession du titre de mufti, ou de chef religieux. Ces deux dignités se perpétuèrent sans difficultés dans les deux familles ; et ce furent les seules que les Ouahabites reconnurent, toute aristocratie étant supprimée dans leurs mœurs, et le titre de *frère*, le seul dont ils s'interpellassent entre eux de maître à esclave, ou de valet à maître.

Abd-el-Aziz ne fut pas au-dessous de sa tâche, et, sous son règne, le ouahabisme atteignit son plus haut degré de splendeur. Après plus de vingt ans de combats, sans trève ni repos, il parvint à réunir toutes les tribus du désert sous sa loi, et à faire accepter la religion réformée depuis les limites de l'Yémen jusqu'aux portes d'Alep et de Damas, entre l'Hedjaz et le golfe Persique.

Dans cette ardeur de conquêtes et de prosélytisme, Abd-el-Aziz fut secondé par son fils Ebn-Saoud, comme naguère il avait lui-même aidé son père; si bien que l'âge commençant à affaiblir le prince des Ouahabites, ainsi que son fidèle compère, le cheik Mohammed, celui-ci n'eut aucune peine à faire reconnaître Ebn-Saoud comme le légitime héritier du pouvoir. On eût dit que le fameux cheik avait le pressentiment de sa fin prochaine; car, peu après avoir ainsi assuré, pour un certain temps du moins, les destinées de l'état qu'il avait contribué à fonder, il se coucha pour ne plus se relever. Il vécut encore deux ans, aveugle et impotent, et mourut le 14 juin 1791, à l'âge de quatre-vingt-seize ans. Il n'avait point quitté Derriyè depuis qu'il y était entré en 1746. Il aimait beaucoup les femmes, et en avait épousé vingt,

qui lui donnèrent dix-huit enfants. Le cheik Mohammed possédait une éloquence mâle et vigoureuse, à laquelle il dut tous ses succès; dans
les moments difficiles de sa vie, il ne laissa jamais
rien abattre de son courage et de son énergie.

IX

Depuis longtemps déjà la renommée des Ouahabites s'était répandue dans l'empire ottoman;
mais, habituée à n'exercer aucune autorité sur
les Arabes du désert, la Porte prenait un médiocre
intérêt à leurs débats intestins. Quand le cheik
Mohammed produisit ses principes, en 1746, le
sultan Mahmoud Ier, qui régnait alors, se contenta
de faire lancer l'anathème contre le réformateur
par le corps des ulémas. Ses successeurs, engagés dans la terrible guerre que leur fit la redoutable puissance moscovite, n'eurent pas le loisir
de s'inquiéter des progrès de la nouvelle secte;
d'ailleurs, nous l'avons déjà dit, les parties reculées de la vaste agrégation ottomane se relâchaient
peu à peu du lien commun, et leurs gouverneurs
essayaient de se rendre indépendants. Il ne res-

tait à la Porte d'autre moyen de combattre ces
rebelles éloignés que de les opposer les uns aux
autres, et de façon encore à ce qu'ils se tinssent
toujours en échec, ou s'affaiblissent mutuellement, sans s'absorber jamais. Ce machiavélique
système est la raison de beaucoup de façons d'agir
de la Porte, qui, sans cela, paraîtraient inexpli-
cables.

Cependant, on finit par s'alarmer sérieusement à Constantinople, lorsqu'on vit toutes les
frontières méridionales de l'empire menacées par
ce flot de barbares ; et les événements créés par la
Révolution française ayant reporté dans l'Occident l'attention de toutes les puissances, le Divan
profita du moment de répit que lui laissaient
ses éternels ennemis du continent européen, pour
tâcher de rasseoir son unité si fortement ébran-
lée. Au commencement de l'année 1789, ordre
fut mandé à Soliman, gouverneur de Bagdad,
dont le pachalik était le plus directement exposé
aux incursions des Ouahabites, de faire marcher
une armée contre ces fanatiques, et d'aller les
atteindre au cœur même de leur puissance. Déjà
les tribus de l'Irak ne suffisaient plus à contenir
le débordement des Arabes du désert ; deux
années auparavant, elles étaient venues implorer le secours de Soliman, qui leur fournit
des armes, des munitions, et, les plaçant toutes

sous la conduite d'un même chef, les lança contre le Nedjd. Mais l'habileté d'Abd-el-Aziz, et le courage de Saoud són fils, déjouèrent cette vaste entreprise; des tribus furent détachées de la coalition, leur chef fut assassiné dans son propre camp avant de combattre, et les Arabes de l'Irak, mis en déroute, abandonnèrent à l'ennemi leurs munitions et leurs bagages. Après ce succès, Saoud envahit leur territoire, y mit tout à feu et à sang, et revint à Deriyè chargé de butin. Soliman ne balança plus à exécuter les ordres de la Porte. Il rassembla à Bagdad une puissante armée, dont il donna le commandement à Ali, son kiaya, et, plus tard, son successeur. Cette expédition comportait un matériel nombreux et de l'artillerie; elle s'était adjoint toutes les tribus de l'Est qui n'avaient pas reconnu l'autorité du chef ouahabite, et se proposa, pour première opération, la conquête d'El-Haça (province de la bordure du golfe Persique). Pour y parvenir, il lui fallut faire une marche de douze jours dans le désert, ce qui la réduisit de moitié. Elle était cependant encore très-nombreuse quand elle arriva en présence de l'ennemi, et la supériorité de ses armes lui eût facilement assuré la victoire, si on en fût venu sérieusement aux mains; mais Saoud eut l'adresse de diviser des ennemis trop forts pour être affrontés. Il réussit, par de riches présents, à mettre dans ses intérêts le cheik des tribus alliées aux Ottomans, et celui-ci faisant agir les mêmes moyens de corruption vis-à-vis le général en chef, lui persuada aisément d'accorder la paix au Ouahabite. C'est ainsi qu'Ali manqua par cupidité l'occasion de remporter une victoire complète. Pareil exemple n'est pas rare dans l'histoire des commandants d'armée ottomane; c'est par un fait du même genre que le czar Pierre-le-Grand évita de tomber au pouvoir des Turcs, lui et toute son armée, sur les bords du Pruth. La vénalité d'un grand-vizir a changé le sort de deux empires, et peut-être la face du monde.

On s'étonnera peut-être, en cette circonstance, non pas qu'Ali ait osé reparaître devant son maître, mais que celui-ci l'ait bien accueilli et lui ait continué ses bonnes grâces comme par le passé. Ceci est un autre spécimen des mœurs turques. Ali-Pacha, né en Bessarabie, était d'abord esclave de Soliman, pacha de Bagdad; plus tard, il devint son kaznadar. Il n'avait alors pour rival dans la faveur de son maître qu'Achmet-Kiaya, gendre du pacha : c'était trop pour son ambition. Il assassina publiquement Achmet au sortir d'une audience, et eut l'audace de faire valoir ce meurtre aux yeux du Pacha comme une grande preuve d'affection. En punissant le crime, Soliman

se privait de son dernier favori; de deux, il était
réduit à pas un : il préféra pardonner, et, en gage
du pardon, donna au coupable une de ses filles
en mariage. C'est ainsi qu'Ali était devenu gendre
du pacha et son premier lieutenant. Une amitié
aussi bien cimentée n'avait donc aucune cause
de rupture à redouter.

X

On comprend que, dès que l'armée ottomane
fût rentrée dans ses foyers, les Ouahabites redou-
blèrent d'audace et donnèrent pleine carrière à
leurs brigandages. Pour mieux s'assurer l'impu-
nité, Abd-el-Aziz feignit de vouloir entrer dans
l'alliance de Soliman, et lui envoya des ambas-
sadeurs chargés de magnifiques cadeaux. Ce fut
cependant peu de temps après cette époque
qu'eut lieu sa fameuse expédition de Kerbelè, qui
plongea le monde musulman dans la consternation.

En l'an 61 de l'hégire, les califes Ommiades
faisaient une rude guerre aux Alides : nous
en avons dit plus haut la raison. Yézid, fils de

Mouaia, poursuivait à outrance Hoceïn, second fils
d'Ali. En se rendant à Koufa, dont les habitants
l'avaient appelé à régner, Hoceïn fut rejoint,
dans le désert de Kerbelè, par un parti ennemi,
et impitoyablement massacré, lui ainsi que ses
soixante-douze compagnons. La piété des chîites
éleva un tombeau en cet endroit même, et transforma ce désert en un lieu de pèlerinage qui devint
si fréquenté, que bientôt une ville y prit naissance,
à quelques lieues de Koufa, à l'occident de l'Euphrate. Cette ville, qui s'appela Iman-Hoceïn, en
l'honneur du martyr, subit les vicissitudes des
guerres religieuses; ruinée en l'an 851 de l'hégire, par le calife Mouta-Ouakil, protecteur de la
secte des sunnites, elle fut relevée par les rois de
Perse, dits *sofis,* introducteurs du rit chîite dans
leurs États. Ismaël-Châ, fondateur de cette dynastie, fit construire sur le tombeau d'Iman-Hoceïn
une grande mosquée, que ses successeurs se plu-
rent à embellir, et dont le sanctuaire devint le ré-
ceptacle de richesses considérables, exagérées
encore par la voix publique. A deux journées, au
sud de Kerbelè, se trouve Macchad-Ali, ou, plus
simplement, Iman-Ali, qui contient le tombeau
du gendre de Mahomet, autre objet de la vénération des Persans, et qui a reçu également en
dépôt les splendides offrandes de ses rois.
Dans leurs courses à travers l'Irak arabique,

les Ouahabites s'étaient souvent approchés de ces
deux places dont les richesses tentaient leur cupidité; mais ils y avaient toujours trouvé les habitants sur leurs gardes et en mesure de soutenir
un siége assez long pour permettre aux secours
de leur venir. Ce n'est qu'à grand regret qu'ils
s'en étaient éloignés, surtout d'Iman-Hoceïn, qui
possédait une mosquée à coupole dorée, resplen-
dissante, pleine d'attractions irrésistibles : les
barbares ignoraient que ce revêtement métal-
lique, hommage récent de l'eunuque Mahommed-
Kan, fondateur de la dynastie des *cadjars*, n'était
que du cuivre, et leur avidité s'irritant des obstacles, ils avaient fini par compter au nombre
des jours fatidiques pour eux celui qui devait les
mettre en possession d'un si magnifique trésor.

Saoud, toujours à l'affût des circonstances, saisit une occasion propice. Iman-Hoceïn, peuplée
de sept à huit mille âmes, était défendue par une
garnison composée de soldats fournis par le pacha
de Bagdad, et de Persans; ces derniers, chîites
comme les habitants de la ville, célébraient reli-
gieusement la fête de leur prophète Ali, et allaient
tous les ans visiter son tombeau à Macchad-Ali. Ce
fut le moment choisi par Saoud pour exécuter son
coup de main. Le 30 avril 1801, dix mille *madoufas*
se présentèrent devant Iman-Hoceïn; la ville, presque déserte par suite du pèlerinage, tenta vaine-

ment de résister. Les Ouahabites, fidèles à leurs principes exterminateurs, égorgèrent tout, jusqu'aux femmes enceintes, pour qu'il ne fût pas dit qu'un seul mâle eût échappé. Le pillage suivit le massacre. Parvenus dans la cave sépulcrale, ils y trouvèrent le gardien du tombeau, qui, tout tremblant, les supplia de lui faire grâce de la vie, et promit d'indiquer l'endroit où étaient enfouis les trésors. Quelques-uns inclinaient pour la clémence ; mais un fanatique s'avança et transperça le malheureux de sa lance. Rien de ce qui était caché ne fut découvert. Le butin fut encore immense : des armes, des riches étoffes, des pierres précieuses, des monnaies d'or et d'argent tombèrent au pouvoir des Ouahabites, qui ne laissèrent rien de ce qu'ils pouvaient emporter, y compris les feuilles de cuivre de la coupole, qu'ils démolirent. Ces dépouilles furent chargées sur deux cents chameaux et partagées entre les vainqueurs à un puits distant d'une journée de marche de Kerbelé : car ils ne s'étaient point amusés à attendre d'autres ennemis, et moins de huit heures s'étaient écoulées entre leur apparition et leur retraite précipitée.

XI

Le sac de Kerbelé causa une émotion générale et profonde ; mais c'est surtout pour la Perse que le coup fut douloureux. Fet-Ali-Châ, souverain de ce pays, ne put s'empêcher de reprocher amèrement au pacha de Bagdad la coupable condescendance de son kiaya envers les Ouahabites. Soliman s'excusa de son mieux et promit de mettre une nouvelle armée en campagne. Des troupes furent en effet levées dans son pachalik, mais avec la lenteur propre aux habitudes turques, et au moment de partir, elles furent employées à étouffer une révolte du Kurdistan. Un motif analogue empêcha la Perse d'agir. Fet-Ali-Châ avait rassemblé une armée de cent mille hommes, mais il fut obligé de la porter sur l'Araxe, où les Russes, déjà maîtres de la Géorgie, venaient de se montrer. Rien ne pouvait donc plus faire obstacle aux Ouahabites ; car la Porte, occupée qu'elle était de reprendre l'Égypte aux Français, avait épuisé tous ses moyens d'action contre les sectaires, en provoquant l'expédition du pacha de Bagdad. Elle ne fut pas d'ailleurs très-éloignée d'être satisfaite, quand elle vit l'événement tourner à la confusion de ce vassal, qui, par ses richesses, la distance où il était de la métropole et son voisinage de la Perse, semblait arborer le drapeau d'une indépendance absolue. La Porte n'avait aucun territoire important à sauvegarder en Arabie; son domaine dans ce vaste pays se bornait à une très-petite étendue du littoral occidental. Un pacha turc résidait à Djedda avec une garnison; mais son autorité ne dépassait pas les murs de cette ville : « il n'osait », dit Niebhur, qui visita l'Arabie dans la seconde moitié du dix-huitième siècle, « ni aller à son gouvernement, ni en revenir, sans être avec la grande caravane. » Si l'on ajoute que ses revenus consistaient en la moitié du produit de la douane, partagé avec le chérif de la Mecque, et qu'ils étaient à peine suffisants pour payer sa garde, sa maison et ses frais de voyage, — on concevra que les pachas regardassent leur nomination à ce poste comme une disgrâce. Outre Djedda et deux ou trois ports, la Turquie possédait encore quelques petites citadelles bâties près des puits, sur les chemins d'Égypte et de Syrie à la Mecque; mais ces postes n'avaient aucune influence sur les villes et villages des environs, et s'ils étaient tolérés par les Arabes, c'est qu'ils ne pouvaient

en aucune façon empêcher leurs hostilités contre
lés caravanes.

L'homme qui avait vu de l'œil le moins complaisant les progrès des Ouahabites, était le chérif
de la Mecque, investi d'une haute juridiction sur
les tribus de l'Hedjaz, et qui exerçait naguère
le seul pouvoir reconnu par les tribus du centre.
Depuis longtemps, le chérifat, héréditaire dans la
même famille, s'était soustrait au contrôle direct
de la Porte, quoique l'agrément de celle-ci fût, à
l'avènement de chaque dignitaire, sollicité par
pure forme. Gâleb, le chérif actuel, avait usurpé
la place sur son beau-frère Osman el-Madaïfi, qui
lui en gardait, sous les apparences de la soumission, une rancune implacable. Cette circonstance
fut habilement mise à profit par Abd-el-Aziz. Dès
l'année 1790, Gâleb, inquiet de l'extension que
prenaient les Ouahabites, avait dirigé en personne,
ou par des lieutenants, des expéditions contre eux;
mais, soit incapacité, soit trahison, aucune n'eut
un succès complet. Reconnaissant enfin l'impossibilité de réduire les sectaires par les armes,
Gâleb voulut se les concilier et fit des propositions pacifiques. Abd-el-Aziz, encore incertain de
ce que lui garderait la rancune des Persans et du
pacha de Bagdad, accueillit ces ouvertures, et le
bon accord fut momentanément rétabli entre la
Mecque et Deriyé. Les Ouahabites prirent texte

de cette paix pour faire en foule le pèlerinage, que
leurs principes n'interdisaient point. Saoud se
rendit deux années de suite à la Mecque, et, chaque fois, il eut de secrètes conférences avec Osman-el-Madaïfi. Celui-ci se montrait très-disposé
à s'allier avec les Ouahabites contre l'usurpateur,
mais Saoud répondait évasivement, et prétendait
que le moment de cette alliance n'était pas venu.
Lorsque Abd-el-Aziz fut complétement rassuré sur
les suites de son coup de main de Kerbelè, et
qu'il les vit, au contraire, se dessiner d'une manière qui lui était plutôt favorable, il songea à
rapprocher ses troupes de la Mecque, et, par la
conquête de la ville sainte, à acquérir aux yeux
des musulmans la dernière consécration d'une
vocation divine. Gâleb comprit immédiatement le
danger et s'appliqua à le conjurer par l'envoi d'une
ambassade au prince ouahabite; mais on n'ima-
ginerait jamais sur qui tomba son choix pour cette
mission de confiance: ce ne fut rien moins que sur
son beau-frère Osman-el-Madaïfi, le même qui
cherchait si avidement l'occasion de le trahir et de
se venger. Au lieu d'un traité de paix, Madaïfi
ne rapporta à Gâleb que l'invitation de se soumettre à Abd-el-Aziz, faute de quoi, il devait
s'attendre à voir marcher contre lui toute une
armée, dont lui, Madaïfi, commandait l'avant-
garde. La rage au cœur, Gâleb sortit de Taïfa

pour aller combattre son beau-frère ; mais il y rentra précipitamment à l'aspect de l'ennemi, et, ne s'y croyant plus en sûreté, courut se renfermer dans la Mecque. Taïfa fut enlevé d'assaut par les Ouahabites, et ses défenseurs passés au fil de l'épée. La nouvelle en étant venue aux habitants de la ville sainte, les jeta dans une grande consternation; car Taïfa, qui n'est qu'à douze heures de marche de la Mecque, en est à bon droit nommé *le jardin*, et lui fournit la majeure partie de ses approvisionnements, y compris l'eau potable. La terreur de Gâleb fut à son comble, quand il apprit que Saoud, parti de Deriyè avec un noyau de deux mille Ouahabites, avait ramassé tous les contingents arabes sur son passage, et s'avançait à la tête de plus de cent mille hommes. La Mecque était une ville ouverte, n'ayant pour défense qu'une assez mauvaise citadelle; Gâleb ne jugea plus pouvoir y tenir longtemps, et, après l'avoir incendiée, il alla se réfugier dans Djedda, qui était revêtu d'un mur d'enceinte. Le chef ouahabite entra dans la ville sainte sans coup férir.

XII

Toutefois, ce ne fut point sans une certaine hésitation. Ce défaut de résistance était tellement inespéré, devant la grandeur du résultat, que Saoud se trouva tout à coup dépourvu de l'audace et de la décision qu'eût légitimées la chaleur du combat. Une circonstance contribua beaucoup à lui faire prendre le parti de la modération. La caravane annuelle des pèlerins de Syrie était en route pour venir à la Mecque; elle était commandée par Abdàlla-Pacha, gouverneur de Damas. En partant de cette ville, l'émir-hadgi apprit que les Ouahabites s'étaient emparés de Taïfa et marchaient sur la Mecque : Abdàlla manda le fait à Constantinople, et poursuivit sa route, non sans inquiétude sur le sort qui lui était réservé. Ce ne fut qu'à quatre lieues de la Mecque qu'il eut maille à partir avec les troupes ouahabites : il les repoussa et leur tua cent cinquante hommes. Il n'en avait que plus à craindre la colère de Saoud, et, avant de pénétrer à la Mecque, il jugea prudent d'envoyer un message

au chef ouahabite pour s'assurer de ses dispositions. Saoud pensa avec raison qu'il eût été inha-
bile, du même coup, de rompre en visière avec le
grand-seigneur et de se mettre un surcroît d'ennemis sur les bras; il blâma ceux des siens qui s'é-
taient rendus agresseurs, et protesta qu'il n'avait
d'autre intention que de rétablir Osman-Madaïfi au
lieu et place de l'usurpateur Gâleb; il ajouta qu'il ne
voulait point inquiéter la caravane, et lui donnerait
trois jours pour accomplir ses devoirs religieux;
que, lui-même, il n'occupperait la Mecque que lorsqu'elle en serait sortie. Ce fut alors que Gâleb,
voyant Saoud en si bon termes avec Abdâlla,
engagea ce dernier à lui ménager une paix avantageuse. Mais la proposition fut très-mal accueillie
par le chef ouahabite, qui répondit durement à
Abdâlla qu'il se mêlait d'affaires qui ne le regardaient pas, et qu'il n'eût de souci à prendre que de
quitter la Mecque, les trois jours écoulés : « J'y
rentrerai après vous, » disait-il encore, « et rien
que la mort du chérif Gâleb ne pourra satisfaire
vengeance. » Abdâlla n'insista plus, et Gâleb, ne
jugeant pas à propos d'attendre l'effet de cette
menace, partit en même temps que l'émir-hadgi,
pour aller se réintégrer dans son refuge.

Les Ouahabites commirent peu d'excès à la Mecque : la mort d'une vingtaine de cheïks, ennemis
déclarés du ouahabisme; la destruction de tous les

tombeaux sacrés, sauf celui d'Abraham, dont on ne fit que remplacer le tapis doré par une simple natte de paille, et le pillage de toutes les richesses entassées dans la kâba, contentèrent le fanatisme des sectaires. Mis en goût par cette victoire facile, Saoud laissa une petite garnison dans la Mecque, et se hâta de venir entourer Djedda; mais là il eut à essuyer le mécompte qu'éprouvaient toujours les troupes ouahabites devant les villes fermées. Ces hordes, armées de lances et de fusils à mèche, tentèrent vainement plusieurs assauts, qui furent repoussés avec une perte considérable; puis l'épidémie les décima, et enfin, Saoud fut obligé de lever le siége pour ne pas perdre toute chance de pouvoir regagner le Nedjd. Une expédition dirigée contre Médine n'avait pas eu un meilleur succès.

XIII

La prise de la Mecque ne servit qu'à constater une fois de plus l'impuissance radicale de la Porte. En avouant publiquement cet affront, il était difficile que le grand-seigneur continuât à se faire appeler le *Protecteur des Lieux-Saints;* aussi, le gouvernement prit-il d'abord toutes pécautions pour le tenir caché, et il ne fut généralement connu que lorsqu'on put y ajouter le correctif de l'é hec des Ouahabites devant Djedda et Médine, et celui de leur retraite désastreuse. Ce qu'il y a de certain, c'est que jamais, plus qu'en ce moment, un coup de vigueur n'eût pu être fatal à ces fanatiques; beaucoup de leurs alliés de l'Ouest étaient ébranlés, et auraient volontiers passé à l'ennemi, s'il leur eût offert quelque sécurité. Un grave événement vint rendre la situation encore plus critique pour eux : Abd-el-Aziz fut assassiné par un derviche Kourde, dont les trois fils avaient péri dans le massacre d'Iman-Hoceïn. Cet homme poursuivit patiemment sa vengeance pendant plus de deux ans; feignant d'embrasser le ouahabisme, il s'était présenté à Abd-el-Aziz comme serviteur, et était parvenu à capter sa confiance. Les zélés mahométans en ont fait un martyr de leur foi : on rapporte parmi eux que, condamné à périr par le feu, les flammes le respectèrent, et qu'on ne put le tuer qu'en lui faisant trancher la tête.

Saoud prit le pouvoir sans conteste, et il dut autant à son habileté qu'à l'impéritie de ses ennemis de ne rien laisser perdre de la prospérité du ouahabisme, et d'y ajouter encore.

Il serait bien difficile d'imaginer que la Porte

n'eût pas songé depuis longtemps à semer la division parmi les sectaires : mais le difficile était de les aborder. Voici, à ce sujet, ce que la haute sagesse du divan avait trouvé. Un certain cheik Adam, ex-cadi de Jérusalem, qui, par le nombre et la qualité des *fetvas* (1) qu'il avait vendus, s'était fait un honnête pécule et une réputation de casuiste émérite, fut appelé à Constantinople pour être consulté sur les moyens d'ajuster les principes de l'antique islamisme avec les innovations du fils d'Ab-el-Ouahab. Quand le muphti et les ulémas furent convenus des transactions à faire, on proposa au cheik Adam d'aller les expliquer au cheik Hassan, le pontife ouahabite, et d'essayer de rendre Abd-el-Aziz plus soumis et plus propice à Sa Majesté l'Empereur des fidèles croyants. Tel devait être le but apparent de la mission : le but caché consistait, à peu de frais d'argent, à détacher le plus possible de tribus arabes de la ligue, et à provoquer entre elles des hostilités. Le cheik Adam accepta sans hésiter, et fut conséquemment envoyé sous bonnes recommandations à Abdâlla, l'émir-hadgi. Nous avons vu comment celui-ci se hâta de partir de la Mecque dans le

(1) Sentence motivée par un passage du Coran, et à laquelle le juge civil doit se conformer. Dans les cas de litige, les deux parties en obtiennent souvent, chacune de son côté, deux entièrement contradictoires.

délai qui lui avait été prescrit par Saoud ; néanmoins il ne voulut pas s'éloigner sans lui détacher son ambassadeur. Le cheik Adam avait eu le temps de faire de son côté des réflexions sur les Ouahabites ; leurs façons lui étaient apparues sous leur vrai jour : il se disait que le triomphe même de son éloquence, à supposer qu'elle pût prévaloir, exigerait toujours une certaine discussion : or, chez les Ouahabites, la discussion était punie de mort. Il déclara donc à l'émir-hadgi qu'il avait renoncé à sa mission ; mais Abdâlla lui répondit qu'il avait des ordres, et qu'il les exécuterait ; et, sur-le-champ, il le fit appréhender au corps et conduire, par une forte escorte, auprès de Saoud. On n'a plus jamais entendu parler de ce malheureux.

XIV

Abdâlla, de retour à Damas avec la caravane, ne craignit pas de dire tout haut la vérité sur les Ouahabites : il fut disgracié. En 1803, la caravane fut taxée par Saoud à raison de huit piastres par pèlerin, sorte de capitation inconnue jusqu'alors.

En 1804, Ibrahim, pacha d'Alep, qui possédait toute la confiance du divan, se trouva investi des fonctions d'émir-hadgi; il eut pour instructions de céder à toutes les exigences des Ouahabites, d'éviter un conflit à tout prix, sauf à faire payer les pèlerins. Il réussit avec d'énormes sacrifices à ramener la caravane; mais il eut la douleur de voir derrière lui les Médinois se rendre à Saoud, qui les affamait depuis six mois.

La Porte se flattait d'avoir tourné la difficulté, en laissant ainsi rançonner les pèlerins sous le contrôle de leur protecteur; mais Saoud ne tarda pas à lui enlever même cette illusion.

Abdâlla, rentré en grâce, fut assigné pour conduire la caravane de 1805. A quatre journées de la Mecque, les Arabes sont dans l'habitude de venir offrir leur secours à la caravane pour l'aider à franchir le désert qui la sépare encore de la ville sainte : cette fois, ils disparurent dès le lendemain avec leurs chameaux tout chargés. Ce vol ne fut qu'un prélude à bien d'autres extorsions : il fallut donner cent bourses pour gravir le mont Arafat (1), autant pour en descendre. Abdâlla devint honteux du rôle qu'il jouait, et voulant au moins une revanche pour tant d'humiliations tacitement subies, il se mit à la poursuite

______

(1) Montagne près de la Mecque, visitée dévotieusement par les pèlerins.

des chameliers qui l'avaient volé; mais le résultat tourna encore à sa confusion. Il s'en revenait tout glorieux de la mort de cinq ou six pauvres diables sacrifiés à son ressentiment, lorsqu'il fut rejoint par un parti de Ouahabites qui lui barra le passage d'un torrent impossible à éviter, et ne le lui vendit qu'au prix énorme de six cents bourses.

Ce n'est pas tout, Abadâlla revint porteur des volontés formelles de Saoud : à l'avenir, il ne permettrait plus que la caravane marchât sous d'autre égide que la sienne, et, pour ce faire, il enverrait chaque année un détachement au-devant d'elle. Il ne voulait pas non plus que les pèlerins continuassent d'apporter le *Mâmel*, — tapis brodé pour la Kâba, — ni qu'ils se fissent accompagner d'instruments de musique. Enfin, levant résolûment le masque, il fit effacer le nom du sultan des prières publiques pour y substituer le sien.

XV

C'était mettre le padichâ en demeure d'agir énergiquement.

Damas fut choisi comme centre des préparatifs

que la Porte organisa sur une vaste échelle. Dès le commencement de 1806, des objets de campement, des armes et des munitions de guerre y furent rassemblés, et Youssouf-Pacha, l'ancien grand-vizir, — le même qui perdit la bataille d'Héliopolis contre Kléber, — devait, à la tête d'une armée considérable, escorter les pèlerins jusqu'à Médine, et de là, suivant l'occurence, s'enfoncer dans le pays du Nedjd pour y atteindre les Ouahabites. Djedda était encore entre les mains des Turcs, et pouvait devenir une précieuse base d'opérations; mais le difficile pour la Porte avait toujours été de trouver pour ce poste un gouverneur qui répondît à ses vues. Abou-Marak, le dernier nommé, restait à Jaffa depuis dix-huit mois, sous prétexte de réunir de l'argent et des troupes; fatiguée de ses délais, la Porte le remplaça par Osman, pacha de Candie. Celui-ci dut se rendre d'abord à Alep, y lever une armée et partir pour l'Hedjaz de concert avec Youssouf : à cet effet, cent bourses lui étaient assignées sur les douanes d'Alep, et neuf cents autres sur celles de Damas.

La Syrie était alors en proie au plus profond désordre. Les janissaires s'étaient révoltés à Damas contre l'autorité d'Abdàlla-Pacha; un quartier tout entier venait d'être brûlé. A Alep, même confusion : quand Osman y arriva, les janissaires,

tout glorieux de la destitution de son prédéces-
seur, qu'ils attribuaient à leur influence, se con-
sidéraient comme indépendants. Le moment était
donc très-mal choisi pour lever des troupes et
récolter de l'argent. Osman n'y réussit pas plus
que Youssouf, et l'époque du départ de la caravane arriva, que la puissante escorte sur la foi de
laquelle les pèlerins étaient accourus en foule, se
réduisait à quelques pauvres hères, aussi peu
nombreux que mal équipés. En ce moment, pour
surcroît de mécompte, on apprit à Damas que
Djedda s'était rendue aux Ouahabites : résultat
inévitable des lenteurs de la Porte à envoyer les
secours qu'elle avait promis à cette ville, étroitement bloquée par l'ennemi. Osman ne crut pas
devoir pousser en avant sans de nouveaux ordres :
il lui fut prescrit de se replier sur Alep.

Quant à Youssouf, il avait autant et plus de raisons que son collègue à hésiter de se mettre en
marche; mais il s'y décida par une espérance
trop légèrement accueillie. En novembre 1806, la
nouvelle des grands préparatifs faits en Syrie était
venue aux oreilles de Saoud; quoique l'expérience
eut maintes fois prouvé à ce prince et aux siens
que les menaces de la Porte étaient plus bruyan-
tes qu'effectives, il ne laissa pas d'en concevoir
quelque inquiétude; et soit pour faire tomber son
ennemi dans un piége, soit pour ralentir son acti-

vité en en faisant disparaître la cause, il publia à cette époque une proclamation dans laquelle il se relâchait beaucoup de la rigueur de ses déclarations précédentes : il y exprimait l'intention de favoriser le pèlerinage de tout son pouvoir, et de veiller lui-même à la sûreté de la caravane ; mais par là même il faisait ressortir l'inutilité de l'escorte donnée par le grand-seigneur, et refusait de reconnaître la qualité de l'émir-hadgi, bien qu'il fût disposé à le considérer comme pèlerin au même titre que les autres.

La ruse de Saoud eut tout l'effet qu'il en désirait; Youssouf vit, dans le petit nombre des soldats qu'il avait pu rassembler, une circonstance heureuse, qui lui permettrait de déguiser leur véritable destination et de les faire passer pour de simples pèlerins aux yeux des Ouahabites. Lui-même, en se résignant à ce rôle, se flatta de ne rien perdre de son prestige et de ses apparences tutélaires vis-à-vis de la caravane. Ce biais lui paraissait concilier tous les intérêts, et son avis fut partagé par Abdâlla-Pacha, qui se joignit au pèlerinage.

Aucun de tous ces espoirs ne fut d'une longue durée. La caravane touchait aux portes de Médine, lorsqu'on apprit que le *Cadi* de la Mecque, qui avait pris les devants, venait d'être arrêté; bientôt l'arrivée d'un message de Saoud ne laissa plus de doute à cet égard : c'était une lettre adressée à

Abdàlla-Pacha , et dans laquelle l'émir disait, entre autres choses, « qu'il voulait bien laisser à la caravane le temps de se retirer, mais qu'il la taillerait en pièces, si elle s'avançait encore. »

Youssouf et Abâdlla, en vrais Turcs qu'ils étaient, ne crurent pas à la sincérité de ce langage; ils n'y virent qu'un moyen tenté par Saoud pour surfaire le droit de passage : ils lui répondirent par l'offre de cinq cents bourses, et continuèrent leur chemin vers Médine, ne doutant pas du succès.

Mais à Médine, ils trouvèrent les portes fermées ; persévérant dans leur erreur, ils élevèrent leurs propositions jusqu'à deux mille bourses pour se les faire ouvrir : Saoud fut inflexible. Il fallut enfin se rendre à la vérité. Les Ouahabites menaçants grossissaient autour de la caravane; la retraite devenait urgente. Abdàlla s'y décida le premier; ceux qui étaient bien. montés le suivirent; les autres restèrent exposés à toutes les horreurs du désert, sans eau et sans vivres. Presque tous périrent; un petit nombre parvint à Damas, après de longs intervalles.

Tel fut le dernier pèlerinage de la Mecque jusqu'au jour où les armes victorieuses de Méhémet-Ali le rétablirent.

XVI

De 1807 à 1811, les Ouahabites, maîtres sans conteste de l'Arabie entière, essayèrent de porter leurs armes au dehors, et firent diverses tentatives d'invasion en Irak, en Syrie, voire même en Egypte. L'insuccès dont elles furent toutes marquées fixa irrévocablement le sort de la nouvelle secte : puisqu'elle ne pouvait se propager quand on lui donnait si beau jeu, le temps n'était pas loin où elle serait éteinte. Si ses adhérents avaient pu se flatter un instant de renouveler l'expérience des premiers disciples du prophète, et de lancer les Arabes à une seconde conquête islamite, le fait vint leur prouver, comme à tous les imitateurs historiques, que l'histoire a des analogies et pas de similitudes. Les auteurs qui, précédemment à nous, se sont occupés des Ouahabites, ont cherché la raison de leurs revers dans des circonstances tout secondaires, comme l'indiscipline de ces barbares, leur incapacité à attaquer les villes fermées, etc. Il n'est pas plausible d'avancer qu'ils fussent, à cet égard, placés dans des conditions inférieures à leurs prédécesseurs, ni que les ruines de l'empire grec, à qui ceux-ci s'étaient attaqués, offrissent moins d'éléments résistants que la décadence turque, à laquelle les Ouababites avaient affaire. La différence fut dans le défaut de virtualité qui accompagne les religions réformées, dans l'expression toute négative qui caractérise ce qu'on appelle un schisme. La foi de Mahomet avait fait des héros, qui se lancèrent aveuglément dans les plus grands périls sans jamais reculer : la religion du cheik Mohammed n'engendra que des pillards, qui durent tous leurs succès à la surprise, cette habileté des bêtes de proie, et qui lâchaient pied à toute résistance un peu sérieuse. Ce n'est pas à dire que les premiers Arabes fussent moins enclins à la rapine, que les seconds n'eussent pas un nombre considérable des leurs tout à fait convaincus et prêts à sacrifier leur vie pour la cause sainte; mais la foi et l'abnégation, contrairement à ce qu'on a dit, se propagent du haut en bas, et là où elles sont le plus essentielles, c'est au sommet. Or, les chefs du ouahabisme ne songèrent à l'extension de leur religion que subsidiairement à celle de leur autorité; chez le plus remarquable d'entre eux, chez Abd-el-Azis, l'austérité ne fut qu'un calcul, et elle ne l'empêcha point de conclure des transactions incompatibles avec la rigueur d'une croyance absolue.

Son fils Saoud se hâta d'abandonner une rigidité
de mœurs qui n'étaient pas dans ses goûts ; il s'ap-
propria la plus grande partie du butin conquis par
les troupes ; devant la tribu pauvre et affamée, il
étala un luxe oriental ; il eut des favoris auxquels
il remettait l'administration de ses états, au préjudice de ses parents, de ses propres frères,
qu'il écarta brutalement de toute participation au
gouvernement. Comparez cet esprit à celui des
premiers Califes, si unis par les liens énergiques
de la famille, à cet Omar-Ben-El-Kattab, qui en
montant pour la première fois dans la chaire
du prophète, dit ces magnifiques paroles, auxquelles il demeura fidèle toute sa vie : « O vous
qui m'écoutez, sachez bien qu'il n'y aura jamais
d'homme plus puissant à mes yeux que le plus
faible d'entre vous, lorsqu'il aura pour lui la justice, et que jamais homme ne me paraîtra plus
faible que le plus puissant parmi vous, s'il élève
des prétentions injustes ! » Saoud, il est vrai,
flatta sa propre vanité d'un manteau qui fut estimé deux cent mille piastres ; mais tous ses efforts
échouèrent contre cette ville de Bassora, qu'Omar,
ce chef du peuple, vêtu d'une robe en poils de
chameau, avait fondée, pendant que ses soldats,
animés par sa parole d'une ardeur invincible,
arrachaient la Syrie aux vieilles bandes impé-
riales. Et quand le patriarche de Jérusalem,

réduit aux extrémités par les Arabes, eut déclaré ne vouloir remettre la cité sainte qu'aux mains mêmes du calife, Omar quitta Médine, sans gardes, sans suite, monté sur un chameau qui portait deux sacs, l'un contenant de l'orge, l'autre des dattes, et marchant jour et nuit, il arrive tout d'une traite devant Sophronius, qui ne pouvait en croire ses yeux, et s'imaginer que dans ce vieillard, dont la robe était raccommodée en plus de douze endroits, il voyait le commandeur des croyants, le vainqueur des Perses et des Romains.

S'il fallait expliquer d'une manière plus synthétique la courte durée de la puissance ouahabite, on pourrait dire que l'alliance à laquelle le dogme fut astreint, à l'origine, avec les princes de Dérriyè, si elle fut la cause d'une initiale et vive impulsion, devint le germe d'une chute prématurée en multipliant sous les premiers pas des chefs les difficultés et les écueils qui naissent du mauvais ménage de la politique et de la religion. La conquête de l'Arabie entière devait amplement satisfaire les princes et leur tenir lieu d'un énergique mobile religieux : ce but atteint, leur ambition devenait passive, et leur activité ne pouvait se réveiller que sous les coups d'un agresseur puissant. Cet adversaire, l'Islamisme le suscita en la personne de Méhémet-Ali.

LIVRE CINQUIÈME.

—

MÉHÉMET-ALI CONQUÉRANT.

SOMMAIRE.

—

Mort du sultan Sélim, et avènement de Mahmoud II. — Le Nizam-
Djédid. — Projets du nouveau sultan. — Départ de l'expédition
égyptienne pour l'Arabie. — Toussoun-Pacha, second fils de
Méhémet-Ali. — Le chérif Galêb. — Son caractère. — Défaite
des Egyptiens à Bedr, — Mesures fiscales du vice-roi. — Retour
des chefs albanais vaincus. — Ils sont chassés par Méhémet-Ali.
— Meurtre d'Ahmed-Aga-Laz. — Toussoun prend Médine et la
Mecque. — Défaite des Egyptiens à Tarabè. — Méhémet-Ali
prend la résolution d'aller lui-même en Arabie.— Sa conduite à
Mecque. — Il tend un piége à Galêb. — Arrestation de ce
chérif et de sa famille. — La Porte désavoue le traitement qui leur
est infligé. — Fin de Galêb et des siens. — Méhémet-Ali reprend
l'offensive contre les Ouahabites. — Second échec devant Tarabè.
— Mouvements stratégiques du vice-roi, — Occupation de Con-
foudâ. — Ineptie du gouverneur. — Retraite des Egyptiens. —
Méhémet-Ali est dans une situation critique. — Son habileté l'en
tire. — Sa politique ramène les tribus bedouines. — Mort de
Saoud. — Défaite essuyée par Abdine-Bey. — Toussoun est
bloqué dans Taïfa.— Méhémet-Ali le délivre sans troupes. — Ré-
tablissement du pèlerinage. — Preuves d'adresse de Toussoun.—
—Façons d'agir de Méhémet-Ali vis-à-vis la caravane.—Méhémet
Ali marche à la tête de ses troupes et obtient des succès décisifs.
— Son retour à la Mecque et son départ pour l'Egypte. — Causes
de sa précipitation. — Sa situation vis-à-vis de la Porte. — Histoire du mamelouk Lâtif-Aga. — Premières tentatives pour discipliner les troupes. — Révolte au Caire.—Ses résultats.— Campagne de Toussoun dans le Nedjd. — L'Emir Abdâlla demande
la paix. — Retour de Toussoun en Egypte. — Caractère d'Abdâlla. — Caractère d'Ibrahim, le fils aîné de Méhémet-Ali. —
Campagne d'Ibrahim en Arabie. — Prise de Dériyè et d'Abâlla.
—Mort de ce dernier. — Emprisonnement du malem Gâli. —
Mort de Toussoun. — Meurtre de la fille du consul de Suède par
un Albanais. — Expédition du Sennâr.—Derniers coups portés
aux mamelouks. — Mort d'Ismaïl-Pacha. —Création du Nizam-
Djédid en Egypte. —Enrôlement des fellahs. — M. Sèves. — Sa
biographie. — Préludes de l'insurrection grecque. — Rôle de la
politique. — Campagne d'Ibrahim en Morée. — Bataille de Navarin. — Comment Méhémet-Ali en accueille la nouvelle. —Les
Egyptiens évacuent la Morée. — Emeute au Caire par suite d'impôts extraordinaires. — Retour et second exil de Seïd-Omar-
Makram.—Meurtre du malem Gâli.—Tentative des Grecs contre
la flotte d'Alexandrie. — Insurrection dans l'Hedjaz.

MÉHÉMET-ALI CONQUÉRANT.

I

Dans l'intervalle des faits que nous venons de raconter, de graves événements s'étaient passés à Constantinople. En 1808, le sultan Sélim III avait terminé par une mort violente un règne signalé par les plus grands revers. Ce prince peut servir d'exemple à la fatalité de certaines situations, plus forte que toutes les résistances de l'énergie et du mérite personnels. Par une exception assez notable dans la maison d'Osman, il avait apporté sur le trône la connaissance des maux de l'empire et le

ferme désir d'y remédier; car son oncle et pré-
décesseur, Abdul-Hamed, dérogeant à l'habitude
invétérée chez les Sultans de reléguer dans le sérail les princes du sang, — quand ce n'était pas de
les faire égorger sans pitié, — laissa son neveu en
pleine liberté, et le mit à même de s'instruire
de tous les détails du gouvernement. Pour un
homme qui avait lui-même passé quarante-quatre
ans de sa vie dans la prison du grand sérail, ce
trait dénotait une humeur assez douce. La faiblesse fut en effet le plus grand défaut d'Abdul-
Hamed, à qui échut le triste sort de signer le traité
de Kaïnardji, et de reconnaître aussi que ces fatales
concessions à l'ambition moscovite ne lui assu-
raient même pas la tranquillité qu'il croyait avoir
si chèrement achetée à ce prix. Sélim III recueillit
ce funeste héritage. Il n'y avait pas à fermer les
yeux sur les causes des revers multipliés que l'éten-
dard d'Islam éprouvait sur les champs de bataille;
les déroutes que les janissaires attribuaient à l'impéritie et à la trahison de leurs généraux étaient
bien évidemment le fruit de leur indiscipline, de
leurs rébellions continuelles, et nul autre moyen
qu'une réorganisation complète de l'armée ne
pouvait parer à cet état de choses. Le fait avait part
si certain à Abdul-Hamed lui-même, qu'il inaugura
la réforme que son successeur poursuivit avec
tant d'ardeur, et qui finit par lui coûter la vie.

Ici la résistance naturelle d'un corps de troupes privilégié s'appuyait des préjugés religieux. Sélim réussit assez bien dans tout ce qui ne touchait point à cette fameuse milice des janissaires; la marine reçut des améliorations capitales, depuis la coupe et la construction des vaisseaux, jusqu'à la sévère discipline introduite parmi les matelots; on fit venir de France et de Suède de nouveaux constructeurs et des officiers instruits; l'école de mathématiques, fondée vers 1770 par le baron de Tott (l'aventurier Bonneval), fut complétement réorganisée, et reçut annuellement deux cents élèves destinés à fournir des officiers et des ingénieurs à la marine. La première tentative de Sélim pour plier les troupes de terre à une réforme analogue, date de l'arrivée à Constantinople du général Aubert Dubayet. Cet ambassadeur de la République française avait été chargé d'offrir au Sultan plusieurs pièces de canon de campagne montées sur leurs affûts, et il était en outre accompagné d'ouvriers d'artillerie, d'instructeurs de toute arme. L'occasion était belle, et Sélim en profita; mais les janissaires, excités en secret par les ulémas, refusèrent obstinément de mettre en pratique les manœuvres de l'infanterie française, et tout ce que Sélim put faire alors, ce fut d'organiser un seul bataillon de quatre cents hommes, composé aux trois quarts de renégats étrangers.

Lorsqu'en 1805, pour appuyer sa neutralité dans le grand conflit qui allait embraser l'Occident, Selim voulut faire diriger sur Andrinople une armée entièrement composée de troupes exercées à l'européenne et dites *Nizam-Djédid*, les janissaires prirent les armes et se préparèrent à défendre l'entrée de la ville aux nouveaux venus. Cette effervescence menaçant de prendre des proportions dangereuses, Sélim dut céder et reléguer en Asie le *Nizam-Djédid*; mais il n'en resta pas moins l'objet d'une haine sourde et aveugle; mille complots se tramèrent contre lui et vinrent se fondre dans une vaste conspiration, qui éclata à propos d'une misérable question de costume. Un jour Sélim veut imposer aux *Yamaks-Tabiélis* (assistants de batterie), l'uniforme moitié turc, moitié européen, des *Nizams:* les Yamaks se révoltent et sont soutenus par les janissaires; le grand Muphti lui-même leur venant en aide, rend un fetwa par lequel Sélim est accusé de vouloir introduire des nouveautés dans l'empire, et de donner les mains à l'abaissement de l'Islamisme, en tolérant l'interruption du pèlerinage de la Mecque. Il n'en faut pas davantage pour ameuter toute la population. En vain le sultan fait-il à la révolte toutes les concessions réclamées à grands cris : le sacrifice, la mort de ses conseillers les plus dévoués, la suppression du *Nizam-Djédid*, rien ne

peut en arrêter les progrès. Le grand Muphti
va trouver Sélim, et lui déclare d'un air hypocrite
que sa déchéance est seule capable de calmer la
juste colère du peuple. Jetant les yeux autour
de lui, le sultan ne voit pas un ami prêt à partager
le sort infaillible que la résistance lui aurait valu ;
alors, dans une résignation toute musulmane, il
se rend de lui-même dans le *Kafès* ou prison du
sérail. Cet événement eut lieu dans le mois de
mai de l'année 1807. On connaît la contre-révolu-
tion opérée un an après par Baraïctar, laquelle
amena la mort de Sélim. Baraïctar lui-même devint victime du zèle avec lequel il reprit les projets du monarque assassiné et de son ardeur à le
venger. Le nouveau sultan, Mahmoud, dans les
premiers moments de son règne, se renferma dans
une prudente abstention, laissant se vider la querelle entre son peuple et son grand vizir; si, après
l'évènement, il parut vouloir prendre avec fermeté les rènes de l'État, il s'enveloppa, sur la
question brûlante de la réforme, d'une circonspection cauteleuse, dont il fit la loi de toute sa
politique, et qui, plus tard, lui permit de profiter
du mémorable exemple de Méhémet-Ali, c'est-
à-dire de frapper un grand coup, aussi prompt
que terrible et inopiné.

II

En attendant l'occasion propice de détruire ses ennemis au cœur même de l'empire, le sultan Mahmoud résolut d'atteindre ceux qui, des points les plus reculés, bravaient l'autorité du padi-chä. Cette volonté se manifesta par l'expédition dirigée contre le pacha de Bagdad, le plus riche et le plus indépendant de ses feudataires, et par celle dont Méhémet-Ali consentit à se faire l'organi-sateur contre les Ouahabites. Il ne faudrait pas croire que le vice-roi d'Égypte eût été amené à cette résolution par contrainte, et dans l'appré-hension d'un sort pareil à celui qui venait d'é-choir à son collègue Soliman, de Bagdad (1); nous avons déjà montré combien le Rouméliote était supérieur à cette crainte, par position aussi bien que par caractère; mais nous avons dit aussi quels avantages personnels il pouvait se promettre de la campagne d'Arabie. Pendant que la réforme mili-taire causait à Constantinople de si sanglantes ca-

(1) On sait que la tête de ce pacha fut envoyé à Constan-tinople par Halet-Effendi.

tastrophes, Méhémet-Ali méditait profondément
les moyens de la réaliser à son profit ; ses janissaires, à lui, c'étaient ces incorrigibles Albanais, instruments effectifs de son élévation, et qui avaient
failli l'être de sa chute : ils n'auraient jamais pu
être licenciés sans désordre, et n'eussent point
souffert qu'en leur présence on créât une autre
force armée susceptible de leur faire équilibre.
Méhémet-Ali les envoya en Arabie : si le désert
les dévorait, c'était le mieux qu'il pût advenir ; si,
contre toute hypothèse, ils étaient vainqueurs, la
diminution de leur nombre compensait l'accroisse-
ment de leurs prétentions, et, en tous cas, le vice-
roi profitait de leur absence pour créer les moyens
de les remplacer ou de les contenir. Telle était la
logique rigoureuse de la condescendance de Méhémet-Ali aux vues de la Porte.

III

Le massacre des Mamelouks avait été un préli-
minaire obligé du départ des Albanais. Cet événement ne retarda l'expédition que de quelques
mois, et Méhémet-Ali y mit la dernière main avec

son activité ordinaire. Le caractère religieux du but en perspective fut un merveilleux prétexte aux plus dures exactions, et personne, en Egypte, ne put s'y soustraire. Ceux des rares Moultézims qui avaient réussi précédemment à sauver leurs biens de la rapacité du fisc, furent surtout impitoyablement traités, et pour le moindre déficit dans leurs contributions, contraints à remettre leurs titres de propriété au Defterdar. Les négociants, frappés d'une taxe extraordinaire, durent, pour l'acquitter, vendre leurs marchandises à bas prix; chaque habitant riche du Caire donna une mule ou cinq cents piastres. Les corporations des arts et métiers fournirent chacune un contingent à l'armée expéditionnaire : tout ouvrier désigné qui refusait de partir, était astreint à se faire remplacer. Le vice-roi avait encore d'autres cordes à son arc; il était parti le 10 avril pour Alexandrie, à l'effet de conclure la vente de quarante mille ardebs de blé aux Anglais : chemin faisant, il parvint à mettre la main sur le chef de la tribu des Oualad-Alys, et ne le relâcha que moyennant une rançon considérable.

Ces rentrées permirent au vice-roi d'augmenter encore les ressources de l'expédition; l'effectif des troupes fut porté à huit mille hommes : six mille d'infanterie, presque tous Albanais, et deux mille cavaliers turcs et bedouins. Les premiers s'embarquèrent à Suez, sous les yeux de Méhémet-Ali, le 3 septembre 1811, et firent voile pour Yambo ; la cavalerie, avec Toussoun-Pacha, suivit la voie de terre, et ne partit que le 6 octobre.

Ce prince avait seize ans à peine. On trouvera sans doute que cet âge s'accorde peu avec les difficiles fonctions du commandement en chef ; mais, en Orient, les qualités militaires se bornent presque exclusivement à la bravoure, et, à cet égard, le jeune pacha avait fait ses preuves. Il ne manquait pas d'ailleurs d'un certain côté sérieux dans le caractère, son esprit ne démentait pas l'air remarquable de distinction répandu dans toute sa personne ; néanmoins le vice-roi lui adjoignit, plutôt comme conseil que comme lieutenant, Ahmed-Agâ, son Kaznadar, dont la réputation militaire était si grande en Egypte, qu'on ne le désignait que par le surnom de Bonaparte.

Seïd-Mohammed-el-Makrouki, le premier négociant du Caire, un homme fin et délié, à la parole persuasive, fit partie de l'expédition : il était chargé de traiter avec les Arabes de la côte, et de les rattacher à la cause du sultan. On fit aussi partir avec l'armée les quatre cheiks des quatre rites orthodoxes de l'Islamisme.

IV

Méhémet-Ali n'avait pas jeté ses troupes à l'aventure dans la Péninsule, et sans s'y être au préalable ménagé quelques intelligences ; depuis longtemps déjà il était en correspondance avec le chérif Gâleb ; pendant que la flotte s'équipait à Suez, il avait envoyé un émissaire adroit en Arabie pour tâter le terrain. Gâleb, après une longue et vaine attente des secours de la Porte, s'était vu contraint de se soumettre en apparence aux Ouahabites pour conserver une ombre d'autorité et la possession de ses richesses ; toutefois, la confiance que lui inspirait cette position n'allait pas jusqu'à lui faire habiter la Mecque : il avait fixé sa résidence à Djedda, d'où ses manœuvres avec Méhémet-Ali étaient bien moins surveillées. L'envoyé du vice-roi, sous prétexte de faire ses dévotions dans la cité sainte, eut avec le chérif des conférences à chacun de ses passages à Djedda, et revint au Caire en compagnie de son confident, le Cheik-el-Tourki. Tous deux s'attachèrent à convaincre le vice-roi de la sincérité des promesses du chérif, et l'assurèrent que son dévouement irait jusqu'à payer de sa personne, s'il le fallait; ils lui représentèrent l'esprit des populations d'Arabie comme éminemment favorable aux troupes expéditionnaires, dont elles n'attendaient que la venue pour secouer le joug des Ouahabites, qui, en interceptant le pèlerinage, avaient privé ces populations de leurs seuls moyens d'existence depuis tant de siècles. Ces motifs, corroborés par des informations conformes, décidèrent Méhémet-Ali à se fier au chérif : il fut convenu que les soldats de ce dernier qui occupaient Yambo, au nom des Ouahabites, livreraient la place aux troupes égyptiennes. Car Galeb jouait évidemment un double jeu, et promettait en même temps à Saoud de défendre Yambo avec ses propres forces.

<h1 style="text-align:center">V</h1>

Pendant que le Rouméliote prélude à ses coups par tant de circonspection, il est curieux de savoir ce que fait l'adversaire qu'il va chercher jusqu'au fond du désert. Saoud avait aussi des espions au Caire, et fut prévenu de l'expédition qui se préparait contre lui ; mais sa conduite, **en** cette occasion, ne témoigna pas de l'habileté qui l'avait jusque-là distingué. Il s'endormit dans **une** trompeuse sécurité, et crut qu'il lui restait encore beaucoup de temps devant lui pour organiser ses moyens de défense ; il se rendit seulement à la Mecque avec une suite considérable, ainsi qu'il en avait, tous les ans, l'habitude. Nous avons dit que Saoud nourrissait des sentiments très-défavorables contre sa famille : cette animadversion s'étendait jusqu'à ses propres enfants, qui étaient en nombre considérable ; car il avait douze fils, qui supportaient impatiemment le joug paternel. Les trois aînés, Abdâlla, Faïsal et Turké, accompagnaient leur père dans ce pèlerinage ; mais à moitié chemin de Deriyé à la Mecque, ils le quittèrent brusquement, revinrent avec les leurs dans la capitale, chargèrent trois cents chameaux des objets les plus précieux qui leur tombèrent sous la main, et gagnèrent en toute hâte la province de Làça dont les habitants, écrasés d'impôts par Saoud, avaient promis de faire cause commune avec eux contre le tyran. C'est ce qui arriva, en effet, malgré la vive résistance du gouverneur, qui ne dut son salut qu'à la fuite. L'émir, peu sensible en apparence à cette défection, n'en continua pas moins son voyage à la Mecque, et ne s'occupa d'étouffer les germes d'une révolte qui semblait devoir embraser tous ses Etats, que lorsqu'il fut de retour à Deriyé; il se vit toutefois dans la nécessité de faire les avances. Malgré cela la réconciliation n'était pas encore scellée, quand avis parvint à Saoud que l'armée égyptienne s'était mise en mouvement. Cette nouvelle le surprit : il acquiesca à la hâte à tout ce que les rebelles demandaient, et se mit en marche pour l'Hedjaz avec tout ce qu'il put réunir de troupes. Les fils, au lieu de se joindre sans retard à leur père dans cet urgent besoin, donnèrent carrière au goût de pillage et de courses aventureuses qui n'entrait pas pour peu dans leurs tentatives de révolte. L'un vint chercher un échec sous les murs d'Iman-Hocéin et d'Iman-Ali, tant les habitants faisaient bonne garde depuis leur catastrophe; l'autre attaqua dans le désert la grande caravane qui va d'Alep à Bagdad, et lui enleva pour plus d'un million de marchandises.

Enfin Saoud avait eu foi dans le chérif Galeb, et sur la promesse de celui-ci de défendre les villes maritimes, il n'y avait laissé que des garnisons tout à fait insuffisantes. Chemin faisant, il apprit la reddition d'Yambo, et le massacre des trois cents Ouahabites qui l'occupaient concurremment avec les soldats du chérif. La trahison de Galeb était manifeste; mais Saoud avait mis tant d'abandon dans sa confiance qu'il lui eût été nuisible de paraître s'en apercevoir, et qu'il avait tout intérêt à dissimuler son indignation.

VI

Cette première campagne de Toussoun fut marquée d'épisodes sans doute très-intéressants, mais que notre cadre nous oblige à ne rapporter que succinctement. Yambo est le port le plus rapproché de Médine ; il devenait une excellente base d'opérations pour l'armée égyptienne, eu égard surtout au but spécial qu'elle se proposait, celui de délivrer les villes saintes. Saoud avait fait occuper les défilés de Djedidè, sur le chemin de Yambo à Médine, par 15,000 hommes, dont son fils Abdàlla était enfin venu prendre le commandement. L'avant-garde de Toussoun-Pacha rencontra l'ennemi à *Bedr*, qui précède cette gorge, le culbuta et lui tua une soixantaine d'hommes. Bedr est célèbre dans les fastes musulmans comme étant le lieu où le prophète livra son premier combat aux Koreischites. Sous ces heureux auspices, l'armée turque s'engagea résolûment dans le passage, et trouva le gros des troupes ouahabites

couronnant les hauteurs de Safra. L'action fut d'a-
bord à l'avantage des premiers ; ils emportèrent
de vive force les retranchements qui leur barraient
la route ; mais les Ouhabites se replièrent sur les
escarpements latéraux, et de là assaillirent les
Turcs de feux plongeants si meurtriers, qu'au
bout de quelques instants ceux-ci lâchèrent pied,
et s'enfuirent dans toutes les directions. Jamais
déroute ne fut plus complète. Quoique 600 hommes, tout au plus, fussent restés sur le champ de
bataille, des 8,000 hommes de l'armée 3,000 à
peine purent être ralliés au bout de quelques se-
maines : les autres périrent dans le désert. Les
Ouahabites, spectateurs d'une telle panique, n'en
pouvaient croire leurs yeux, et s'imaginaient que
c'était une ruse pour leur faire quitter leur excellente position ; ils ne se hasardèrent à en descendre
que le lendemain matin, quand ils aperçurent
tous les bagages de l'ennemi abandonnés sur le
champ de bataille. Sans cette appréhension, pas
un soldat turc n'échappait.

Mais bien pénétrés de l'idée que l'armée turque
ne pouvait se relever d'un pareil désastre, ils
jugèrent la campagne finie, et rentrèrent dans
leurs foyers. Toussoun se renferma dans Yambo
qu'il fortifia.

Tout le monde se rejeta la faute de cette malheureuse défaite ; la cavalerie l'attribuait à l'in-

fanterie, celle-ci accusait la cavalerie ; les officiers s'en prenaient à l'impiété d'une armée composée, disaient-ils, de gens de tous les aveux, et qui n'avait même pas de muezzins pour lui rappeler ses devoirs religieux, tandis qu'au contraire les Ouahabites faisaient tous exactement leurs prières, sauf qu'ils y omettaient la formule : « Dieu salue le prophète ! » Seïd-Mohammed-el-Makrouki et ses collègues, les quatre docteurs des rites orthodoxes, eurent grand'peine à se soustraire à la fureur des soldats, et s'embarquèrent subrepticement pour Cosseir. Toussoun écrivit à son père l'état des choses ; tout en lui demandant des secours, il ne lui dissimula pas que des troupes pareilles à celles qui lui avaient été données, rendaient la victoire très-improbable. En attendant les renforts, il soumit les villages aux alentours d'Yambo, et séduisit quelques tribus par l'appât de ses présents et de sa parole véritablement engageante.

VII

On pourrait affirmer, à la rigueur, que le désastre de son armée ne surprit point Méhémet-Ali et ne le rendit point inconsolable; il affecta, toutefois, une grande colère, et manda incontinent l'ordre, en Arabie, de lui renvoyer une partie des troupes, surtout la cavalerie, dont l'alimentation était devenue difficile. Il est même certain qu'il avait préparé à l'avance les éléments d'une seconde expédition; car dès le mois d'octobre de cette année 1812, Toussoun fut à même de reprendre l'offensive. Pour parer à toute éventualité, le vice-roi, toujours sous le prétexte de la sainteté de la guerre, avait déjà taxé les biens des mosquées, connus sous le nom de *rizaqs*, à l'énorme contribution de 6 pataques (15 fr.) par feddan : 665 milles feddans furent imposés de cette manière. Les cheiks se récrièrent; ils firent voir que les mosquées, les écoles, les citernes, etc., entretenues par les revenus de ces biens, allaient être ruinées d'un seul coup : ils en furent pour leurs remontrances. Des charges non moins lourdes pesèrent sur toute l'Egypte, et les fellahs eurent le choix de payer en argent ou en blé; car les dernières ventes de céréales que le vice-roi avait faites à des maisons européennes, lui avaient révélé tous les bénéfices de ces sortes de transactions, et il commençait à méditer l'accaparement absolu de toutes les productions de l'Egypte. A cette même époque, le vice-roi, mettant en pratique cet axiôme qu'en fait d'exactions gouvernementales il n'est point de petits profits, prit pour son compte la direction de la monnaie, qu'il fit gérer par un de ses parents. Elle avait été précédemment affermée par Scïd-el-Makrouki, au prix de 50 bourses par mois ; mais entre les mains de Méhémet elle ne tarda pas à en rapporter 400 et plus, par l'altération qu'on faisait subir aux pièces d'or, et par l'alliage donné aux piastres d'argent. L'Etat faux-monnayeur est certainement l'une des plus graves causes de perturbation dans le commerce d'un pays ; aussi le change du thaler et du sequin, monnaies étrangères, s'éleva-t-il rapidement. Pour parer à cet inconvénient, le gouverneur décréta une limite supérieure dans le tarif du change, et alla jusqu'à édicter *la peine de mort* pour les contrevenants. Plusieurs exécutions eurent lieu à ce sujet : néanmoins le change continua sa progression ascendante, et Méhémet-Ali put se convaincre, une première fois, que l'abus d'autorité n'avait pas toujours l'efficacité qu'il lui supposait.

VIII

Les chefs albanais renvoyés de l'armée d'Arabie, parmi lesquels était Salé-Kock, que nous avons déjà vu jouer un certain rôle, débarquèrent à Cosseir, et de là, descendant la vallée du Nil, vinrent au Caire; il leur avait été prescrit de se présenter seuls; mais ils arrivèrent accompagnés de leurs troupes. Cette désobéissance ne prouvait qu'en faveur de leur sagacité. Le vice-roi la leur reprocha d'abord, et ensuite leur lâche conduite à Safra, où ils avaient les premiers donné l'exemple de la fuite. Ils supportèrent effrontément cette honte, et ne se génèrent point pour témoigner, à l'égard du pacha, une hostilité qui toutefois ne franchit point les limites des paroles, se contentant de faire entourer leurs maisons par leur soldats pendant une quinzaine de jours, et de répandre leur colère en menaces. Méhémet-Ali ne les craignait point. L'affaire de Safra n'avait point seulement réduit leur nombre, elle jetait sur eux la déconsidération et délivrait la population de la terreur qu'ils avaient jusque-là inspirée. Méhémet-Ali les fit rayer des cadres de l'armée; deux jours après, son kaznadar leur compta dix-huit cents bourses, montant de l'arriéré de leur solde, et leur communiqua l'ordre de quitter l'Egypte. Pour que ces turbulents Albanais ne se missent point en révolte ouverte contre une telle rigueur, il fallait qu'ils fussent bien mâtés par le sentiment de leur impuissance; Méhémet-Ali avait pris en effet toutes ses mesures pour les écraser à la première démonstration. Salè-Kock et les siens courbèrent la tête, prirent l'argent et s'embarquèrent sans opposer la moindre difficulté. Une fois ceux-là partis, Méhémet-Ali était bien persuadé d'avoir encore meilleur marché des autres. L'un d'eux, Ahmed-Bey, rendit visite au gouverneur pour le prévenir que l'état de sa santé, — il était alors indisposé, — lui faisait aussi désirer de revoir son pays natal. Méhémet-Ali lui témoigna le plus vif intérêt et l'assura qu'en ce moment il ne pouvait se priver de ses services. Le même soir il lui envoya son médecin, le Gènois Mendrici, pour le traiter. Le malade prit des médicaments et mourut quelques jours après.

Mais un des membres les plus actifs de la coalition formée entre les Albanais, à leur retour d'Arabie, était le gouverneur de Kenè, un certain Ahmed-Agâ-Laz, homme d'action et d'énergie. Il s'était concerté avec Salè-Kock à son passage, et le plan arrêté entre eux consistait à faire entrer dans la conjuration Hassan-Pacha et Abdine-Bey son frère, en leur représentant le tort que causerait à leurs intérêts la réforme méditée par Méhémet-Ali. Ce dernier éventa facilement cette trame; pour la déjouer, il promit à Hassan-Pacha et à Abdine-Bey les propriétés que les conjurés possédaient en Egypte. C'est cette promesse faite à point et tenue fidèlement, qui lui permit d'exiler ces derniers sans danger.

Apprenant le mauvais succès du complot, Ahmed-Agâ-Laz écrivit au vice-roi pour le prier d'accepter sa démission. Méhémet-Ali garda la lettre jusqu'à ce que Salè-Koch et les Albanais fussent partis; il répondit alors à Ahmed-Agâ, après de légers reproches, qu'il le laissait libre, soit de garder son gouvernement, soit de venir s'aboucher avec lui, seul ou accompagné, à son gré. Tranquillisé par la lettre du prince, Ahmed-Agâ vint au Caire avec une suite peu nombreuse, car elle tenait tout entière dans une cange de moyenne grandeur: une partie fut introduite avec le visiteur dans le salon d'audience du vice-roi; le reste demeura dans les antichambres et sous le vestibule du palais. Méhémet-Ali reçut Ahmed-Aga d'abord froidement; puis s'échauffant par degré, il lui reprocha sa conduite avec véhémence et finit par donner l'ordre aux gardes de se saisir de lui. Les gens d'Ahmed firent mine de le défendre; mais deux officiers, dont le

Kiaya-Bey, présents à cette scène, s'interposèrent
en disant que ce n'était qu'un moment de vivacité
du vice-roi, qu'il se calmerait, et qu'eux-mêmes se
faisaient fort d'entrer chez lui lors de son souper, —
on était alors dans les derniers jours du Ramadan, — et d'obtenir la grâce de leur maître. Dupes
de cette assurance, les soldats laissèrent emmener
leur chef dans les appartements intérieurs du palais. Vers les deux heures, après minuit, quand
tout le monde se fut retiré, on fit descendre le
prisonnier au bas du grand escalier : le bourreau
l'y attendait, et lui trancha la tête. On enleva le
corps et tout fut dit.

IX

Ce qui s'était passé après le combat de Safra
démontrait bien la nullité militaire des Ouahabites ; non-seulement ils avaient laissé se renfermer dans Yambo, et s'y refaire, les débris d'une
armée qu'ils auraient pu rejeter dans la mer ; mais
prenant à peine le temps de jeter une garnison
dans Médine, ils s'étaient hâtés d'abandonner ce
poste inexpugnable de Safra, et s'étaient reposés

sur les habitants du soin de le défendre. En vrais
oiseaux de proie, après le combat, les Ouahabites
ne savaient que regagner leurs repaires. Toussoun
profita habilement de cette faute; par des présents
et des caresses, il mit dans son parti les chefs de
toutes les tribus qui étaient à sa portée, et lorsque,
les renforts arrivés, il se porta de nouveau sur les
terribles défilés, cette fois il les occupa sans coup
férir. De là il alla incontinent mettre le siége devant Médine; mais l'artillerie des Turcs manifes-
tant quelques scrupules à tirer sur la Ville-Sainte,
Toussoun, pour en finir, se décida à faire jouer la
mine. Quand tout fut prêt, il envoya secrètement
prévenir les habitants de se détacher des Ouahabites et de se faire reconnaître, par des signes ex-
térieurs, à ses soldats, qui avaient ordre de les
épargner. Tout alla suivant son gré. Le lendemain
une partie de l'enceinte s'écroula sous l'action de
la mine; ses troupes entrèrent en masse dans la
ville, et passèrent plus de la moitié de la garnison
au fil de l'épée; le reste se réfugia dans la citadelle,
y demeura quelques jours dans le vain espoir d'ê-
tre secouru, et finit par capituler. Toussoun se
montra toujours religieux observateur de sa parole
militaire; une générosité native lui rendait odieux
le parjure et la cruauté. Il fit également preuve
d'habileté comme organisateur, pendant le peu de
temps qu'il passa à Médine, et ne s'y arrêta pour-

tant pas un moment de plus qu'il ne le fallait pour le succès de ses opérations. Mais il ne rencontra aucune troupe ouahabite, et gagna sans obstacle Birkè et Djedda, où son entrée fut un triomphe.

En voyant arriver les troupes turques, le chérif Gâleb, qui commençait à se lasser de son gouvernement *in partibus*, comprit que le vent tournait au succès, et après avoir fait une réception magnifique au jeune vainqueur, il se hasarda à retourner à la Mecque. Les habitants l'y accueillirent bien, et, par contre, mirent la garnison ouahabite à la porte. Gâleb fut suivi de près par Toussoun, qui fut également reçu les bras ouverts. De Saoud et de son armée, il n'en était nullement question; mais Osman-el-Madaïfi, le rival de Gâleb, tenait la campagne avec quelques troupes, auxquelles vint se joindre la garnison chassée de la Mecque. Posté avantageusement à Taïfa, ce chef inquiéta beaucoup l'armée turque pendant toute la fin de cette année 1812, en l'empêchant de s'approvisionner; mais en janvier 1813, Toussoun ayant reçu d'Égypte deux mille Delhis commandés par son oncle, Moustapha-Bey, se disposa à marcher contre lui. Gâleb, qui n'avait rien perdu de sa haine contre son beau-frère, demanda à faire partie de l'expédition, laquelle ne se composait que de cavalerie. A l'approche de l'ennemi, Madaïfi fit une faute inconcevable; abandonnant Taïfa,

place forte et riche en munitions de toute espèce,
il se replia sur Besel, qui n'était pas tenable ; dans
cette bicoque, il ne tarda pas à être réduit à toute extrémité ; se mettant alors bravement à la tête de
trente des siens, il fit une trouée à travers l'armée
turque : sa jument fut tuée d'une balle, mais,
grâce à l'obscurité, il s'échappa en compagnie
d'un seul de ses compagnons. Le matin, il arriva
à un campement de Bedouins qui le reconnurent,
le saisirent, et allèrent le livrer à Gâleb pour
gagner la récompense promise, cinq mille piastres fortes. Ce malheureux Osman Madaïfi, homme
de valeur malgré sa cruauté, servit de trophée à
la victoire ; on l'envoya au Caire, où le kiaya-bey
le débarrassant de ses fers, le mena en grande
pompe jusqu'à la citadelle, et le logea dans son
propre domicile. Quatre jours après on lui remit
sa chaîne et on l'expédia à Constantinople, où, à
son arrivée, il fut mis à mort. C'était quelques
jours après l'exécution de l'ex-gouverneur de
Médine, amené pour les mêmes raisons dans la
capitale de l'empire.

Toussoun laissa garnison à Taïfa, et revint avec
Gâleb à Djedda. Moustapha-Bey, avec sa cavalerie
appuyée d'un corps d'infanterie, se porta sur
Koulâk, afin de rallier les tribus arabes de gré ou
de force. Saoud, qui n'avait pas encore donné
signe de vie, songea enfin à prendre l'offensive ; il

envoya son fils Faïsal occuper la position de Tarabè, à quatre-vingts milles à l'Est et un peu au sud
de Taïfa, de manière à couper les communications
de cette ville avec l'intérieur , et de maintenir celles des Ouahabites du Nedjd avec leurs
frères de l'Yémen ; il recommanda aussi à son
fils d'embusquer un corps de troupes à Bichè, et
de s'avancer sur l'ennemi en occupant les gorges.
Ce plan était fort bien conçu. Toussoun voulut le
paralyser en massant ses troupes ; mais l'arrivée
des Ouahabites rendit les Arabes récemment soumis
à leurs habitudes pillardes et vagabondes : ils dé-
sertèrent le camp turc et se répandirent sur la route
de Taïfa à Tarabé. Mustapha fut dépêché sur cette
dernière place pour l'enlever. Elle était défendue
par un mur et des fossés ; une forêt de dattiers,
de plus de deux lieues d'étendue, la couvraient
entièrement. A l'aspect des soldats de Moustapha,
qui arrivaient exténués de fatigue, les Ouahabites
n'attendirent pas l'attaque ; ils fondirent sur eux
et les mirent immédiatement en déroute. Une
amazone commandait cette brillante sortie ; c'était
la femme du cheik d'une tribu : elle fit des prodiges
de valeur. Moustapha perdit son artillerie et
ses bagages ; sa déconfiture fut aussi complète
que celle des défilés de Safra. Il se retira sur Taïfa,
et de là vint à la Mecque conter son malheur à
Toussoun, qui recevait presque en même temps la

nouvelle que Médine était bloquée par un corps de
vingt mille hommes, commandés par Saoud en personne. L'émir, après avoir enlevé le poste égyptien
établi à Hennakyé, en avait renvoyé les hommes
à Bagdad, sous simple promesse de ne plus porter les armes contre lui, et s'était servi de l'artillerie et des munitions qu'il y avait trouvées pour
commencer le siége.

Toussoun-Pacha envoya aussitôt son Seligdar
avec trois cents hommes d'infanterie et autant de
chevaux, qui réussirent à battre l'avant-garde des
Ouahabites et à rétablir les communications entre
Médine et la mer. Malgré ce brillant avantage, la
position de l'armée égyptienne devint très-précaire.
Les Arabes se prirent de nouveau à détrousser les
caravanes dans toutes les directions, et Toussoun,
pour conserver les points conquis, fut obligé de
disséminer son armée, qui se trouvait déjà très-
réduite par les fatigues et le climat. Déjà plus de
huit mille hommes, vingt-cinq mille têtes de
bestiaux avaient trouvé la mort dans les sables
de la Péninsule. Cette guerre coûtait à Méhémet-
Ali plus de cinquante mille bourses. Toussoun se
hâta de faire part à son père des nouveaux revers
qu'il venait d'essuyer, et de sa triste situation.

X

Méhémet-Ali, lorsqu'il se fut débarrassé des plus remuants de ces Albanais, songeait déjà à aller en Arabie voir par lui-même l'état des choses. En septembre 1812, il avait établi à Kobbet-el-Azab un camp assez considérable, avec dix-huit canons et trois mortiers : le 28 octobre, il alla à Suez pour organiser le départ de cette armée, qu'il avait l'intention de suivre de près. C'est là qu'il reçut une dépêche lui annonçant la prise de Médine. Cette nouvelle modifia ses projets de départ, ou les lui fit ajourner ; elle fut suivie, un mois après, de celle de l'occupation de la Mecque et de Djeddah, et pendant les fêtes célébrées au Caire en l'honneur de ces succès, on apprit encore celui de Taïfa. Le vice-roi dépêcha son fils Ismaïl à Constantinople pour en informer le divan ; des faits aussi honorables lui paraissaient devoir plaider en sa faveur, et consolider son autorité sur les bords du Nil : on voit bien qu'il lui restait encore quelque chose à apprendre de la politique turque. Pour lui, il commença à changer de manière de voir

relativement à cette expédition d'Arabie ; son ambition conquérante y découvrit une carrière à
fournir, au lieu de l'accomplissement d'un simple
devoir de vassalité, opportun seulement comme
dérivatif donné à la turbulence de ses mercenaires ;
il pensa dès lors à élever ses moyens à la hauteur
d'un pareil but, et à mener avec lui des forces imposantes. Quant à l'argent nécessaire, ce n'était que
l'affaire d'un décret. Cette fois, la Basse-Egypte venant d'être très-récemment pressurée, ce fut au tour
de la Haute à remplir les coffres du vice-roi. Ibrahim-
Bey, son fils, fut, à la tête d'une troupe considérable, chargé de lever cette contribution, que sa
lourdeur n'aurait pas mis à même d'être versée
de bonne grâce. Néanmoins les fonds mirent encore une certaine lenteur à arriver ; impatienté,
Méhémet-Ali se décida subitement à aller juger de
la cause du retard. Parti au commencement
de mars, il était encore au Fayoum, lorsqu'il
reçut un exprès du Kiaya-Bey, qui lui annonçait la mort du cheik El-Sadat, et lui demandait s'il
fallait s'emparer de ses biens. Le vice-roi répondit
qu'on attendît son retour. A son arrivée à Gizè,
en effet, il fit mettre les scellés dans la maison du
cheik, et donna l'ordre d'arrêter son intendant. Le lendemain les cheiks envoyèrent une de-
putation au vice-roi, pour lui représenter que jamais visir ni pacha n'était allé jusqu'au point de

mettre sous scellés la propriété d'un cheik : à quoi
Méhémet-Ali répliqua qu'il ne s'immiscait point dans
les affaires cléricales, ni dans la gérance des biens
qui les concernait ; mais que le cheik décédé avait
disposé de son avoir en faveur de sa femme, une
esclave de mince valeur, au préjudice de ses parents, et qu'il ne saurait tolérer une aussi grave
infraction à la loi des successions ; que, si cette
femme pouvait, sans blesser des droits légitimes,
s'emparer de ces richesses, le trésor public, obéré
par une guerre sainte, y avait certainement
plus de droit qu'elle ; qu'au surplus, il allait faire
lever les scellés, pour donner satisfaction aux
cheiks aussi bien qu'à la loi. La députation se retira
en protestant de sa pleine confiance en les actes
et intentions du prince. Les scellés furent levés ;
mais les employés du *Beit-el-Mâl* (1) ne trouvèrent point le butin auquel on s'attendait. Dans les
maisons de riches Turcs, il y a un serviteur qui
possède toute la confiance des femmes du harem,
qui est le dépositaire de leur secret, et fait leurs
affaires au dehors : c'est le saka. On arrêta cet
homme, et pour le bien disposer, suivant l'habitude, à un interrogatoire, on le mit d'abord sous
le bâton, puis on le ramena, avec des maçons, à
la maison de son maître, où on lui demanda d'in-

____

(1) Au propre : maison du trésor.

diquer les cachettes pratiquées dans le mur. Il fallut trois jours, et le jeu alternatif du bâton, pour arracher au patient les indications qu'il était susceptible de donner. Tout avait été enfoui, jusqu'au café, au savon, aux ustensiles de cuisine. Du saka, on passa à la veuve ; on menaça de la jeter à l'eau, si elle ne rendait un compte exact des valeurs qu'elle détenait. Fort heureusement pour cette femme, Seïd-el-Makrouki se rendit intermédiaire entre elle et le vice-roi, et se porta garant d'une somme de mille bourses, qu'elle s'engagea de payer au trésor pour conserver ses biens. Quant aux héritiers légitimes, il ne fut pas seulement question d'eux.

XI

Le très-vif besoin d'argent que ressentait le vice-roi, ne l'empêcha point d'en user avec la plus grande largesse vis-à-vis du grand-seigneur. Au commencement de juin, le *caouadgi* (1) de S. H. arriva au Caire ; cet officier était porteur,

____

(1) Celui qui sert le café au palais.

pour le vice-roi, d'un sabre, d'un poignard et de
trois aigrettes de diamants, outre des pelisses et
des châles de grande valeur pour le cheik Gàleb ;
de riches présents ; enfin d'une pelisse et d'une
aigrette pou r Toussoun-Pacha. L'envoyé du sultan
fut comblé d'honneurs pendant son séjour au
Caire, et outre les témoignagnes particuliers de
la munificence du vice-roi, il remporta pour
Constantinople des présents qui consistaient en
soixante-dix mille sequins mabhous (près d'un
demi-million), cinq cents fardès de café, deux
cents quintaux de sucre raffiné, cent cinquante
d'une qualité supérieure, cent vases de porcelaine
remplis de diverses confitures, cinquante chevaux
superbement harnachés, ornés de perles et de
coraux, cinquante autres sans harnais, des bal-
lots de magnifiques étoffes de l'Inde et des parfums
de toute espèce.

Méhémet-Ali était encore occupé de congédier
son hôte, lorsqu'il reçut les fatales nouvelles d'A-
rabie, par son kaznadar, qui lui avait été dépéché
par la voie de Cosséïr. A l'instant il prit des mesures
pour secourir son armée et hâter son départ. Une
activité sans exemple fut imprimée à toutes les branches du service militaire. On s'occupa à la fois
de confectionner des habits pour les troupes, de
réunir des recrues, des vivres, des munitions de
guerre et de l'argent. Zaïm-Oglou, kaznadar de

Toussoun-Pacha, partit avec un premier convoi accompagné de cinq cents hommes. Les navires qui le portaient abordèrent à Djedda en même temps que Toussoun y arrivait de son côté, après avoir fait exécuté un mouvement de concentration de ses forces autour de Médine.

Méhémet-Ali ayant remis le gouvernement de la Haute-Egypte à Ibrahim-Pacha, son fils aîné, et celui de la Basse à son kiaya, Hussein-Bey, s'embarqua dans le port de Suez avec une suite de soixante personnes et deux mille fantassins, pendant que deux mille hommes de cavalerie et huit mille chameaux s'acheminaient par la voie de terre. En vue de Djedda le 28 août 1813, il fut complimenté à bord par le chérif Gàleb et Toussoun-Pacha. Il fit son entrée dans la ville au bruit de l'artillerie des forts, et alla se loger dans un château sur la mer que son fils s'était fait arranger pour lui-même.

XII

En homme prudent, le Rouméliote ne prit aucune disposition avant d'avoir convenablement tâté le terrain. C'était surtout les gens qu'il lui importait de bien connaître, et il savait que les premiers moments d'une arrivée ne sont pas favorables à l'observation; il resta donc à Djedda plus d'un mois dans un repos absolu, et ne se rendit à la Mecque que le 6 octobre. Sa tenue, dans cette sacro-sainte métropole de l'islamisme, fut un modèle d'habileté. Il accomplit minutieusement tous les devoirs de la religion, et les fit observer à ses troupes; il se répandit en aumônes et en largesses pour les besoins du culte : hôte assidu de la grande mosquée, il faisait journellement les prières prescrites, et jusqu'à trois heures de nuit, on le voyait discutant les nombreuses versions du Coran au milieu des ulémas et des étudiants; si bien que tout le saint-collége, sans en excepter Gâleb lui-même, le plus retors de la compagnie, se méprit sur le compte du pacha d'Egypte, et crut voir en lui un véritable *Cheik-ul-Islam* (1), au lieu d'un rusé Arnaoute, rompu à toutes les finesses, c'est-à-dire toutes les perfidies de la politique. Cela fit que tout ce monde quitta son masque, tandis que Méhémet-Ali garda le sien, et qu'après un mois de cette comédie, le pacha fut parfaitement fixé sur ce qui lui restait à faire.

Il ne lui avait pas fallu longtemps pour reconnaître dans le chérif Gâleb un homme plus pressé de besoins que de principes, disposé, suivant ses

(1) Docteur de la foi.

intérêts, à se prévaloir dans chacun des deux partis des intelligences qu'il entretenait dans l'autre, et
qui, dans toute sa vie, n'avait pu s'élever au sentiment de la haine que pour un seul individu, pour
Osman-Madaïfi, son parent, qu'il avait dépouillé :
un homme enfin qui ne pouvait se promettre rien de
bon du triomphe d'un des belligérants, et dont les
efforts secrets, pour cette raison, tendaient à perpétuer une guerre à la faveur de laquelle il lui était
permis de conserver sa position et ses richesses, car
Gâleb était très-riche et de plus très-avare. L'appât
d'une confiscation ajouté à des motifs aussi impé-
rieux, c'était du luxe pour décider Méhémet-Ali. Le
Rouméliote comprit tout de suite qu'en ce pays de la
générosité par excellence, on ne pouvait faire un pas
sans argent : or, il n'en avait guère, et pronostiqua
qu'il serait encore plus facile de se débarrasser du
chérif que de lui faire délier les cordons de sa bourse.

Gâleb s'était chargé de bien disposer les cheiks
du voisinage par le moyen d'une forte somme dont
il devait fournir une partie, le reste lui ayant
été donné par Méhémet-Ali ; non-seulement celui-
ci apprit que le chérif n'avait point apporté son
contingent, il put encore se convaincre qu'il avait
gardé par-devers lui les fonds qui ne lui apparte-
naient pas : mais comme le chérif avait besoin
de colorer d'un prétexte ses conférences avec
les chefs arabes, il n'y traita que le point de

savoir comment il parviendrait à trahir celui dont il avait embrassé la cause. Là seulement où il ne se montrait pas chiche, c'était en matière de prévenances et de démonstrations ; dans les premiers moments du séjour du vice-roi, il venait le voir deux fois par semaine, et lui témoignait le plus grand respect : il espérait peut-être qu'un homme aussi formaliste que Méhémet-Ali se l'était montré, se contenterait de ces grimaces. Il lui fallut se détromper, car le vice-roi lui demanda un compte amical, mais sévère, de tous ses engagements ; alors les visites du chérif devinrent plus rares, puis cessèrent tout à fait. D'une extrême confiance passé au soupçon, il s'enfermait dans un palais solidement bâti, lequel communiquait par un passage souterrain avec un château-fort dominant toute la ville, et pourvu de huit grosses pièces d'artillerie. Attaquer le cheik en face était chose difficile, car outre un parti très-considérable à la Mecque et dans les environs, il avait des gardes-du-corps, composés d'esclaves et de mercenaires de l'Yémen. Mais le Rouméliote n'était jamais à bout de ruse. Il parut avoir abandonné tous ses griefs, et, — c'est là le merveilleux, — amena Gâleb à prier lui-même son fils Toussoun de venir faire son pèlerinage avant l'arrivée des caravanes, afin d'éviter la foule. Toussoun entra à la Mecque dans la soirée du 1er décembre ; cette nuit même, son père lui fit part de son projet. Le chérif ne pouvait se dispenser d'une visite de politesse au nouveau-venu : manquer à cette étiquette équivalait à une déclaration de guerre. C'est ce moment dont Méhémet-Ali avait résolu de profiter pour s'emparer de sa personne. Toute la question était de savoir s'il viendrait avec peu de suite ou fortement accompagné. A tout hasard, on posta une centaine de soldats bien armés dans ceux des appartements du palais de Toussoun qui donnaient sur la cour : on va voir pourquoi. Gâleb, qui n'était pas sans se méfier vaguement de quelque chose, vint le lendemain matin à la première heure, pour surprendre son hôte. Son escorte n'était pas nombreuse, mais l'eût-elle été, que cela n'eût servi de rien ; car, le café servi, Toussoun fit retirer tout le monde, et la suite du chérif dut aller attendre son maître dans la cour, où, les portes étant fermées, les soldats appostés auraient suffi pour la tenir en respect. Resté en tête-à-tête avec Gâleb, le prince s'entretint quelques minutes avec lui, après quoi il demanda le sorbet, ce qui est le signal du départ. Le chérif allait se lever, lorsque Abdine-Bey, un chef arnaoute, sortit d'un cabinet contigu, et vint lui réclamer son poignard, lui déclarant qu'il était son prisonnier. Le chérif ne fit aucune résistance. « C'est par commandement impérial, lui dit Toussoun ; mais ne craignez rien, mon père sera médiateur entre vous et la

Sublime-Porte, et de tout ceci il ne pourra rien résulter que d'avantageux pour vous. » Gâleb crut à ces paroles; il s'avança vers une fenêtre, et dit à ses gens de se retirer, les assurant qu'on n'avait pas de mauvaise intention contre lui. Mais déjà l'un de ses officiers était parti en courant donner l'alarme à ses enfants et à ses esclaves : ceux-ci se renfermèrent dans le château et se préparèrent à la défense. C'était bien ce que craignait Méhémet-Ali, ce qu'il avait prévu; aussi se hâtat-il d'envoyer son *Muhurdar* (1) montrer à Gâleb un soi-disant hatti-chérif, destiné à lui fournir la preuve de la légalité de son arrestation. Cet officier l'exhorta conséquemment à prévenir toute folle tentative de la part de ses enfants; il ajouta que le vice-roi s'engageait à les bien traiter, à donner à l'un deux la succession paternelle, et à s'employer tout particulièrement pour obtenir la grâce du chérif. Ce malheureux, que l'illusion ou la crainte aveuglait, fit tout ce qu'on lui demandait; il écrivit à ses fils de ne point se révolter, d'aller trouver le vice-roi, et de lui obéir comme à un père. Ce n'était point à ces jeunes gens de soupçonner le piége : ils vinrent pleins de confiance à Méhémet-Ali, et furent saisis près de son palais par Abdine-Bey. Aucun des leurs n'étant plus à craindre, une garde fut

____

(1) Porte-sceaux, chancelier.

immédiatement placée autour de l'habitation du chérif, pour empêcher personne d'en sortir et de rien enlever.

Méhémet-Ali, de sa pleine autorité, nomma, pour succéder à Gâleb, un neveu de celui-ci, Yahia, fils du chérif Seurour; quoiqu'il jouit d'une certaine considération, ce personnage ne fut qu'un valet aux gages de vingt bourses par mois, sous le couvert duquel le vice-roi exerça le pouvoir suprême à la Mecque. Le chérif déchu et ses enfants furent conduits à Djedda, et là embarqués pour l'Égypte. De toutes ses richesses Gâleb n'emportait rien que l'habit qu'il avait sur le dos lorsqu'il fut arrêté, car on lui retira même l'argent qui était dans sa poche. Après son départ, le vice-roi fit procéder à un inventaire officiel de ses biens. Gâleb avait la réputation d'un Crésus; pendant les vingt-huit années de son administration, il n'avait cessé de faire fructifier par le commerce le produit de ses exactions; il couvrait le golfe Arabique de ses vaisseaux; si bien qu'on lui supposait un trésor incalculable. Mais la voix publique avait démesurément grossi la vérité à cet égard, ou le chérif avait bien choisi sa cachette; le fait est qu'on ne trouva chez lui, outre les bijoux et les marchandises, que quatre-vingt onze mille sequins de Venise, et vingt et un mille thalaris, un peu plus d'un million en argent.

Pour en finir avec Gâleb, nous dirons tout de suite ce qu'il advint de lui et de sa famille. Reçus avec distinction au Caire, leur captivité n'eut d'abord rien de pénible et prit le caractère d'une détention sur parole; toutefois, comme on ne s'était pas piqué d'une exquise bonne foi envers eux, l'aîné des fils du chérif crut pouvoir profiter des facilités qu'on lui laissait, pour tenter une évasion à la faveur d'un simple déguisement; rattrapé au village d'Hélouan, il fut ramené auprès de son père et de ses frères, et tous ensemble devinrent alors l'objet d'une surveillance rigoureuse. Peu de temps après, on reçut de Constantinople le firman, véritable cette fois, qui les concernait. Le grand-seigneur, loin de sanctionner l'arbitraire mis en pratique à leur endroit, ordonnait à Méhémet-Ali de rendre au chérif Gâleb tous ses biens, et renvoyait même deux chapelets en perles provenant de ses dépouilles, que le vice-roi lui avait envoyés à titre de cadeau. Cette restitution présentait beaucoup de difficultés. Méhémet-Ali s'était déjà servi de l'argent pour la guerre, et les marchandises, expédiées au Kiaya-Bey, avaient été vendues au Caire. Par un semblant d'obéissance au rescrit impérial, on remit à Gâleb, sur le trésor du vice-roi, cinq cents bourses, environ le dixième des valeurs trouvées chez lui, et on fixa sa résidence à Salonique, où il dut se rendre avec sa famille. Le changement de climat et d'existence, le regret des grandeurs perdues abrégèrent la vie de ces infortunés : quatre ans après tous étaient morts.

XIII

Demeuré maître de la position, Méhémet-Ali s'efforça d'assurer ses communications dans le rayon occupé par ses troupes ; toute sa politique s'attacha à continuer l'œuvre si bien commencée par Toussoun, et à se rendre favorables les tribus environnantes. Il y parvint jusqu'au point d'obtenir que les Arabes fissent eux-mêmes la police des routes, moyennant une rétribution mensuelle. Quand il vit son autorité suffisamment établie, et les points importants à l'abri d'un coup de main, il songea à reprendre l'offensive.

Depuis que Saoud avait abandonné le projet de faire le siége de Médine, ses principales forces avaient été dirigées dans le sud, et Tarabè était devenu le centre de ses opérations. De cette position, que la nature contribuait à rendre inexpugnable, il communiquait librement avec ses partisans de l'Yémen et menaçait, à Taïfa, la gauche de l'armée turque, dont le centre était à la Mecque, et qui avait sa droite et sa base à Djedda. Méhémet-Ali comprit tout de suite de quelle importance était Tarabè, et malgré l'insuccès récent de Moustapha-Bey, il résolut de tenter un nouvel effort pour l'enlever à l'ennemi. Toussoun-Pacha revendiqua l'honneur de cette expédition; il partit avec cinq mille fantassins, mille chevaux et six bouches à feu; le vice-roi lui-même quitta la Mecque, et alla placer à Omeyla une réserve de cavalerie.

Toussoun laissa à Taïfa les magasins de l'armée, et se mit en marche dans le désert; arrivé à Koulak, qui est à mi-chemin de Tarabè, il fut obligé de s'y arrêter quelques jours, faute de moyens de transports. Un certain chérif Rajè, chargé du soin d'en pourvoir l'armée, et qui avait en outre pris sur lui d'organiser les Arabes auxiliaires, prétextait des retards qui n'étaient que l'effet de sa trahison Cet homme avait espéré un moment succéder au chérif Gâleb; contraint d'étouffer cette ambition, il ne feignit le dévouement que pour mieux assurer la réussite de sa vengeance. Toussoun, qui commençait à soupçonner la vérité, et qui ne se voyait plus que pour dix jours de vivres, voulut se remettre en route malgré toutes les objections de Rajè;

alors celui-ci conduisit l'armée par de longs détours, et lui fit faire en six jours un trajet qui n'en demandait que deux; puis jugeant désormais sa perte certaine, il disparut avec tout son monde pour ne reparaître qu'en compagnie des Ouahabites. Les uns et les autres, intimidés par la bonne contenance des Turcs, n'osèrent cependant pas les attaquer. Deux jours après, l'armée atteignait Tarabè, mais elle n'avait plus de vivres, et fut obligée de manger la moelle des dattiers. Toussoun était d'avis de tenter un assaut général, avis qui ne fut pas goûté par les chefs réunis en conseil : ils opinèrent pour la retraite. A minuit, on leva le camp, la cavalerie formant l'arrière-garde. Dès que les Ouahabites en furent instruits, ils se mirent à la poursuite des Turcs, et les harcelèrent jusqu'à Koulak; Toussoun donna l'ordre de brûler les tentes et les bagages, pour ne pas les voir tomber aux mains de l'ennemi. De Taïfa, il adressa un rapport circonstancié à son père, en insistant sur ce double point que la défection des Arabes et le manque de vivres avaient causé l'insuccès de l'expédition. Sentant combien il était urgent de ne point décourager une armée qui lui était momentanément si nécessaire, le vice-roi eut l'air de se contenter de cette excuse, et expédia aussitôt de nombreux secours à Taïfa, en vivres, argent et équipements, avec cette lettre, adressée aux principaux chefs : « Je sais que l'on ne doit pas vous imputer l'échec que vous avez éprouvé, mais bien aux Arabes que j'ai déjà punis : vous êtes de braves gens, et votre conduite en ce moment difficile ne mérite que des éloges. La guerre a ses chances, bonnes et mauvaises; il ne faut pas vous décourager. Je n'ignore pas que le manque de vivres a seul été cause de votre retour à Taïfa : l'auteur de cette trahison recevra le châtiment qu'il mérite. »

Il est curieux de rapprocher cet accueil de celui que fit Méhémet-Ali aux premiers Albanais revenus de l'Arabie après une déroute.

XIV

Cette défaite forçait Méhémet-Ali à changer son plan; renonçant à attaquer l'ennemi de front, il imagina d'opérer une diversion sur un des points du littoral de l'Yémen : s'il réussissait à s'y établir, outre l'avantage de tourner la position des Ouahabites et de les prendre entre deux feux, il y gagnait celui d'intercepter les excursions des bandes de l'Yémen, qui, sous la protection de l'ennemi, infestaient toutes les routes, et venaient es-

carmoucher jusque dans les environs de Taïfa et
de la Mecque. Confouda, petit port à deux degrés
en latitude au sud de Djedda, fut choisi comme
le but de cette nouvelle expédition, dont le commandement fut confié à Zaïm-Oglou, gouverneur de
Djedda. Avec deux mille hommes d'infanterie,
douze cents de cavalerie, et une escadrille de bâtiments légers qui, longeant la côte, portaient les
munitions, Zaïm-Oglou parvint sans grandes difficultés devant Confouda ; la ville assiégée par terre
et par mer, et nullement préparée à cette attaque,
se rendit à discrétion. Depuis cinq ans, elle
était occupée par Tâmi, chef des Arabes de l'Acyr,
les plus robustes montagnards de la Péninsule et
les plus fanatiques parmi les sectateurs du ouahabisme. Informé de ce premier avantage, le vice-roi
écrivit à Zaïm-Oglou d'agir avec une extrême circonspection, de fortifier d'abord la place, et de ne
s'avancer dans l'intérieur des terres qu'en assurant, pour ainsi dire, chacun de ses pas. Mais
Méhémet-Ali, qui s'efforçait de tout prévoir, n'avait
pas soupçonné l'ineptie de son lieutenant. Confouda, privé d'eau, ne s'alimente qu'à des puits
situés à une lieue de distance de la ville : au lieu
de retrancher fortement ce point, et de le relier à la ville par une ligne de défenses, Zaïm-
Oglou se contenta de le faire occuper par cent
cinquante Albanais. Après être resté un mois

sans donner signe de vie, un beau matin Tâmi,
avec dix mille Ouahabites, tombe sur ce poste
avancé, et malgré sa résistance acharnée, le
force à se replier sur la ville. Surpris par l'attaque,
le gouverneur perd la tête; en même temps qu'il
ordonne une sortie pour reprendre les puits à l'ennemi, il fait embarquer ses équipages, et préparer
les bâtiments pour la retraite. La panique s'empare
des soldats, le sauve-qui-peut est prononcé; en un
instant le désordre atteint des proportions irréparables; c'est à qui montera le premier à bord
des barques, et échappera au sabre des Ouahabites,
qui recueillent un butin immense sans combattre :
quatre cents chevaux, beaucoup de chameaux,
l'artillerie et tous les bagages.

XV

Méhémet-Ali fut consterné de ce nouveau désastre; la nouvelle, qu'il ne pouvait empêcher de
s'en répandre, eut pour effet immédiat de détacher
de son parti le plus grand nombre des Arabes,
retenus jusque-là à prix d'or. Les partisans de
l'ancien chérif Gâleb, et ils étaient nombreux, s'a-

gitèrent violemment pour exciter des troubles; les routes recommencèrent à se peupler de bandits; les caravanes ne purent aller de Djedda à Taïfa sans une forte escorte; et l'armée égyptienne en arriva à être resserrée dans un rayon de quelques lieues autour de la Mecque. Toutes les autres circonstances contribuaient à rendre la situation encore plus grave : les renforts, les secours attendus d'Égypte n'arrivaient point, l'armée était ravagée par les fièvres, la dyssenterie, et par toutes les maladies qu'engendrent la mauvaise qualité des eaux et l'insalubrité de l'air dans les terrains bas de l'Hedjaz. La mortalité devint si effrayante que, pour en diminuer l'influence morale sur l'armée, le gouverneur renvoyait en Égypte les bataillons dont l'effectif avait subi une trop sensible diminution.

Il fallait toute l'énergie et la tenacité du caractère de Méhémet-Ali pour ne pas se laisser abattre dans un moment aussi critique. On était au printemps de l'année 1814; depuis deux ans que durait cette guerre, l'armée égyptienne n'avait obtenu d'autres avantages sur les Ouahabites que ceux qu'ils avaient bien voulu lui laisser prendre; ses conquêtes se bornaient aux seuls points qu'ils avaient dédaignés de défendre. La délivrance des villes saintes était d'une importance majeure aux yeux du divan, à Constantinople; c'était même d'unique résultat auquel il attachât du prix; mais ce n'était rien quant à l'issue définitive de la guerre, et pour donner à cette conquête la moindre stabilité, il était urgent de déloger les Ouahabites de leurs redoutables défilés. Saoud, pénétré du sentiment de l'infériorité de ses troupes en rase campagne, leur avait expressément recommandé de toujours s'embusquer et de ne sortir de leurs positions que pour harceler l'ennemi. Cette tactique, mise en usage avec persévérance, devait infailliblement causer la perte en détail de toutes les armées égyptiennes.

Subir des revers sans découragement, c'est déjà beaucoup; mais les accepter sans colère, ou plutôt en étouffant celle qu'ils excitent naturellement, parce qu'elle ouvre la voie à des fautes capitales, c'est la marque d'un grand caractère, et c'est l'exemple que donna Méhémet-Ali en cette circonstance. Aussitôt qu'il fut instruit des fatales nouvelles, il réunit en conseil le chérif Yahia et les notables de la Mecque, et leur demanda, à eux qui connaissaient parfaitement le pays, qu'elle était la meilleure manière de ramener à l'obéissance les Arabes-Bedouins. Tous opinèrent pour les moyens rigoureux; il fallait, à les entendre, envoyer des détachements dans toutes les directions, avec des guides, et traquer impitoyablement les brigands dans leurs repaires. Méhémet-Ali ne fut pas de cet avis ; il pensa obtenir davantage par la douceur. Il fit porter aux chefs des paroles conciliantes, et les caravanes de Djedda à Taïfa furent escortées par des partis de cavalerie assez forts pour éviter même la chance d'une agression. On ne renonça pas à diriger dans divers sens des reconnaissances ; mais elles eurent ordre de ne pas attaquer, et de ménager les prisonniers qu'elles pourraient faire. Ces prisonniers étaient amenés devant Méhémet-Ali, qui les renvoyait, en leur signifiant qu'à la récidive ils seraient décapités. Tant de longanimité ne produisit pas d'abord grand résultat, car il est dans le caractère des Arabes de confondre la clémence avec la faiblesse ; jugeant leurs adversaires aux abois, ils n'en furent que plus audacieux dans leurs tentatives ; mais, quand ils s'aperçurent que tous les postes étaient encore mieux gardés que par le passé, ils se ralentirent sensiblement et se dégoûtèrent peu à peu de ce genre de vie, qui était loin de leur rapporter ce que leur avait valu leur état de soumission. On les vit revenir par petites bandes jurer de nouveau fidélité à Méhémet-Ali, qui les encourageait encore par son accueil et son oubli des méfaits passés. Du nombre de ces coupables admis à résipiscence fut le chérif Rajè, que nous avons vu trahir si lâchement Toussoun. Il était allé à Deriyé pour recevoir le prix de son infamie ;

mais les Ouahabites ne furent jamais à même de payer un traître aussi cher que Méhémet-Ali : ils se contentèrent de nommer Rajè *émir El-Omera,* c'est-à-dire cheik des cheiks ; et cette dignité étant purement honorifique, celui-ci s'imagina d'aller trafiquer avec Méhémet-Ali du surcroît d'influence qu'elle pourrait lui donner sur ses compatriotes. L'événement justifia son calcul, et le Rouméliote lui rendit toute sa confiance.

Mais toutes ces transactions exigeaient du temps, et près de trois mois s'étaient passés dans un repos fâcheux pour les troupes égyptiennes, lorsqu'on apprit l'événement qui devait avoir l'influence la plus décisive sur cette guerre, et préparer le triomphe définitif de Méhémet-Ali en Arabie : Saoud était mort à Deriyé le 17 avril 1814, des suites d'une colique néphrétique. Il était âgé de soixante-huit ans, et laissait, nous l'avons déjà dit, onze fils, issus des quatre femmes, qu'en religieux mahométan, il avait épousées en légitime mariage. L'aîné, Abdâlla, lui succéda.

XVI

Si on se rappelle de quelle manière finirent Bardissi et l'Elfi, c'était la troisième fois que la mort se montrait officieuse pour le Rouméliote : ce ne sera point, comme nous le verrons, la dernière, et pendant sa longue carrière, elle se comporta comme si elle eût reconnu en lui le plus zélé de ses courtisans. Cette fois encore, il songea à profiter sans retard du désordre que l'événement pouvait causer dans le camp ennemi. Les Arabes de l'Yémen étaient, à cause de leur turbulence, les premiers qu'il importait de réduire ; Abdine-Bey eut ordre de se porter en avant dans la province de Zâran, qui se trouve dans la vallée séparant l'Yémen de l'Hedjaz. Il eut d'abord des succès contre les habitants surpris et épouvantés ; mais des renforts leur étant survenus, Abdine-Bey finit par se trouver bloqué dans son camp, sans vivres, au milieu d'un pays que lui-même avait désolé. Il fit la faute de détacher sa cavalerie pour s'en procurer. Les Ouahabites tombèrent entre ces cavaliers et l'infanterie qu'ils assaillirent. Tâmi les commandait : ils n'arrivèrent pourtant pas à séparer les deux corps, qui se réunirent après de laborieux efforts à un petit village, d'où ils repoussèrent avec succès les charges de l'ennemi. Mais le nombre des Ouahabites allait toujours grossissant, et Abdine-Bey se vit dans la nécessité de prononcer sa retraite. Les chefs adversaires ne désiraient pas autre chose ; avec leur connaissance supérieure des localités, ils n'eurent aucune peine à attirer les Egyptiens dans les embûches qu'ils avaient dressées à l'avance ; aussi, cette retraite dégénera-t-elle bientôt en déroute. Plus d'un millier de soldats tombèrent sous les coups des Ouahabites ; Abdine-Bey en rallia quelques-uns à Koulak ; chassé encore de cette position, l'épée dans les reins, il rentra presque seul à Taïfa, dont l'ennemi ferma immédiatement toutes les avenues. Toussoun se voyant enveloppé dans le blocus, envoya prévenir son père. Méhémet-Ali se trouvait alors à Djedda pour régler plusieurs points importants d'organisation militaire, rétablir la marche des caravanes et ouvrir des relations de commerce avec les ports du golfe Arabique ; il avait aussi profité de ce séjour pour conclure un traité d'alliance avec les envoyés de l'Iman de Mascate. A la nouvelle de la défaite de ses troupes, toute affaire cessante, il revint à la Mecque. Dès son arrivée, l'intendant général de l'armée lui peigni la situation sous les couleurs les plus sombres ; il pressa son maître de réunir toutes les garnisons et les rapprocher de Djedda pour être à portée d'un rembarquement. Méhémet-Ali ne jugea pas qu'il y eût lieu de tant prendre l'alarme ; il ordonna qu'on lui préparât ses chevaux, et partit dans la direction de Taïfa avec une vingtaine d'hommes au plus. Arrivé sur le sommet de la montagne de Kàra, il découvrit le camp ennemi tout entier. Un Ouahabite qui chassait dans ces parages, fut arrêté et interrogé par le vice-roi, qui, satisfait de ses réponses, lui proposa, moyennant récompense, d'aller porter une lettre au gouverneur de la ville ; lorsque le soldat y eut acquiescé, « il faut encore que tu me jures, ajouta Méhémet-Ali, que tu ne diras pas aux tiens que tu as vu les Turcs, au moins jusqu'à demain matin ; car Méhémet-Ali, dont je commande l'avant-garde, veut surprendre les Ouahabites : ainsi profite pour toi-même du secret que je te confie. » Le Ouahabite jura tout ce qu'on voulut, et fut relâché. Le crépuscule étant descendu, Méhémet-Ali, qui venait de faire reposer tout le succès de son aventure sur l'humeur d'un soldat, prit un léger repas, puis fuma un narguilè, à la suite duquel il s'endormit. Dans la nuit, le Mamelouk qui le gardait eut une alerte ; il crut voir un parti ennemi considérable s'avancer à la faveur de l'obscurité, et il éveilla brusquement son maître. Le vice-roi, se levant en sursaut, fut saisi d'une espèce de hoquet convulsif qui eut beaucoup de peine à se calmer sur le moment, et dégénéra plus tard en une affection spasmodique chronique dont il ne put jamais tout à fait se guérir, malgré l'usage des teintures martiales et des bains froids.

Toutefois Méhémet-Ali avait bien jugé son soldat ouahabite; cet homme, avec un mélange d'avidité et de bonne foi particulier à sa race, se fit un scrupule d'accomplir l'acte pour lequel il avait été payé, quoique cet acte dût tourner au préjudice de ses compatriotes; il s'arrangea de manière à ce que la dépêche parvînt à Toussoun. Elle ne contenait que ces mots : « Je suis arrivé sur la montagne de Kâra; viens m'y rejoindre. » Aussitôt qu'il l'eut reçue, Toussoun fit tirer des salves d'artillerie, en signe de réjouissance. Ce bruit vint confirmer le rapport du Ouahabite, qui n'avait rien eu de plus pressé, de retour au camp, que d'annoncer aux siens l'arrivée de Méhémet-Ali; bientôt on vit sortir de la ville Toussoun et Abdine-Bey, allant à la rencontre du vice-roi. Les Ouahabites, craignant de se trouver pris entre deux feux, laissèrent le chemin libre, et levèrent leur camp en toute hâte. Méhémet-Ali rit beaucoup de cette aventure; il écrivit à son murhurdar, le timoré donneur d'avis, qu'il avait battu l'ennemi sans armes et sans

soldats. L'occasion, néanmoins, n'était pas propice
pour donner une suite à cet avantage, et Méhémet-
Ali revint prudemment à la Mecque, en emmenant
son fils; de là, ils se rendirent l'un et l'autre à
Djedda, pour y attendre les renforts qu'on leur
avait annoncés d'Egypte.

XVII

On était au milieu de l'année 1814, l'époque du
pèlerinage approchait, et il y avait lieu de craindre
que les obstacles qui l'avaient naguère empêché ne
reparussent, car les Arabes des environs de Médine avaient fait une nouvelle levée de boucliers.
La faute en était cette fois au gouverneur de la
ville sainte, Divan-Effendi, qui, sur un simple
soupçon de trahison, venait de faire emprisonner et
occir le cheik de la puissante tribu de Harb. Les
Arabes s'étaient emparés des fameux défilés de
Safra, et coupaient les communications entre
Médine et Djedda. Pour remédier à cet état de
choses, Méhémet-Ali envoya son fils en lui laissant
carte blanche. L'habileté du jeune général, son
talent de négociateur, eurent un effet plus décisif

que les forces militaires sur lesquelles il s'appuyait. A Yambo, il convoqua les chefs des tribus révoltées, les traita avec distinction, et n'eut pas de peine à leur persuader que le meurtre dont ils avaient à se plaindre s'étant accompli sans l'aveu du vice-roi, ils en obtiendraient bonne justice : en gage de sa parole à cet égard, il voulait bien leur remettre des otages. A Bedr, où il avait donné rendez-vous aux enfants et aux neveux du cheik assassiné, il tint une conduite analogue, acheva par des cadeaux l'œuvre de sa diplomatie et transforma ces gens, qui n'avaient auparavant que la vengeance au cœur, en autant de partisans enthousiastes, qui revinrent narrer au sein de la tribu les attentions dont ils avaient été l'objet, qui montrèrent les présents qu'ils avaient reçus, et décidèrent les anciens à faire la même démarche, pour recueillir les mêmes avantages. Les cheiks cédèrent : ils vinrent au camp égyptien, où Toussoun eut la délicatesse de se déclarer leur hôte pour ce jour-là; puis, saisissant la balle au bond, il proposa de marcher incontinent aux défilés de Safra: car c'était là le point important. Les Arabes, en nombre considérable qui gardaient ce poste, voyant venir les Egyptiens en compagnie de leurs cheiks, ne se servirent de leurs fusils que pour saluer, par des décharges réitérées, le retour de la paix et de la concorde. Mais Toussoun ne s'endormit point dans la confiance; il fit aussitôt commencer la construction de deux forts, l'un à l'entrée, l'autre à la sortie des gorges : un troisième, qu'il fit réparer dans le village même, reçut en dépôt un détachement d'infanterie et des munitions. Le bonheur voulut, sur ces entrefaites, que Divan-Effendi, l'auteur de tout cet embarras, mourût de vieillesse et d'épuisement. Toussoun s'empressa d'annoncer la nouvelle aux Arabes, en la leur donnant comme l'exécution de la promesse qu'il leur avait faite touchant le coupable. Dès ce moment, l'allégresse fut au comble, le bon accord définitivement rétabli; toutes les routes s'ouvrirent aux caravanes, et Toussoun, avant de se rendre à Médine, eut la faculté de choisir des otages parmi les Arabes.

XVIII

Il était d'autant plus important que la voie fût libre au *hadg* ou pèlerinage, que cette année il s'annonçait devoir être célébré avec une splendeur inaccoutumée. Une foule des plus grands personnages de Constantinople, se fiant à l'heureuse

nouvelle de la délivrance des lieux-saints, s'étaient
mis en route, et le vice-roi lui-même avait résolu
de faire accomplir la pieuse cérémonie à sa première femme, celle qu'il honora toujours de sa
prédilection, et qui était venue de Roumélie en
Egypte à la fin de 1808, avec ses deux filles et Ismaïl, son troisième fils. La princesse débarqua au
port de Djedda, et de là fut voiturée jusqu'à la
Mecque dans un char où elle se trouvait, suivant
l'usage, entièrement cachée ; il ne fallut pas moins
de cinq cents chameaux pour transporter son ba-
gage, qui était d'une somptuosité vraiment royale.
Sa tente fut la plus belle de toutes celles qui cou-
vrirent la plaine de l'Arapha ; c'était plutôt une
douzaine de tentes diverses pour l'usage de ses
femmes, et entourées d'une clôture en toile de lin,
qui pouvait avoir huit cents pas de circuit : des eu-
nuques richement habillés en gardaient l'unique
entrée. Les hommes formant la suite du vice-roi
avaient rangé leurs tentes autour de cet enclos : car
Méhémet-Ali voulut également assister aux fêtes du
pèlerinage. Plus de quatre-vingts mille pèlerins
étaient déjà arrivés en novembre. Les habitants
furent dans l'admiration devant la richesse du
Mâmel. Soliman, pacha de Damas, émir-hadgi, se
montra dans un luxe éblouissant ; ses gardes
étaient vêtus de la tête aux pieds d'étoffes brochées
en or ; quinze cents Delhis, montant de magnifi-

ques chevaux, formaient son escorte, avec soixante *zembarecks* ou artilleurs, sur des chameaux qui portaient de petits pierriers. Il vint rendre hommage à Méhémet-Ali ; celui-ci mit en réquisition une partie de ces forces, pour l'aider dans sa campagne prochaine. Mais il se passa à ce sujet un fait de nature à dégoûter les plus fervents serviteurs d'une autorité comparable à celle du Rouméliote. Comme la mort avait amplement moissonné les bêtes de somme dans l'armée égyptienne, et que plus de vingt mille domestiques avaient succombé depuis le commencement de la campagne, Toussoun, d'après les ordres de son père, chargea Kadri-Effendi, son kiaya, de retenir, autant que possible, ceux de la caravane de Syrie. Kadri, fort de cette autorisation, agit en conséquence ; et, comme il était impossible de faire fonds sur la bonne volonté de gens à qui on proposait un surcroît de service pour une rémunération moindre, sinon illusoire, les délégués à cet enrôlement procédèrent ainsi qu'ils en ont l'habitude dans toute l'étendue de l'empire ottoman : ils arrêtèrent tout simplement les hommes qui leur étaient signalés, et firent main-basse sur tous les autres accessoires d'équipement dont manquait l'armée égyptienne. Il arriva même que pas mal de maîtres furent pris pour des valets. Une première plainte, portée à Toussoun par l'entremise de l'émir-hadgi, fut sans résultat : les agents nièrent les faits qui leur étaient reprochés ; c'est encore généralement la coutume dans un pays où toute responsabilité n'existe que vis-à-vis du maître. Mais à Médine, où il s'aperçut que les deux tiers de son monde lui manquaient, et où, faute d'équipages, il fut contraint d'abandonner la plus grande partie de la caravane, Soliman se prit d'une violente indignation ; il écrivit à Méhémet-Ali, en l'assurant que si justice ne lui était point rendue, il en référerait à la Sublime-Porte. Le vice-roi répondit qu'il allait se mettre en quête du coupable. Il ne fut pas long à le trouver : le malheureux Kadri, atteint et convaincu d'avoir transgressé ses ordres, fut étranglé sans autre forme de procès. Méhémet-Ali avait ainsi satisfait à la juste vindicte du pacha de Syrie ; mais ses prises lui demeurèrent acquises.

XIX

Cette remonte et les renforts survenus d'Egypte avaient remis l'armée sur un pied respectable ; il était temps de tenter un nouveau coup de vigueur. Les Ouahabites occupaient toujours, au nombre de vingt mille, Tarabè et ses gorges profondes : dix mille autres étaient placés en réserve. Après le départ des pèlerins, Méhémet-Ali publia la résolution de marcher en personne à la tête de ses troupes, et de s'essayer à l'œuvre dans laquelle jusque-là ses lieutenants avaient échoué. Les soldats ne doutèrent plus du succès ; pour entretenir cette conviction, on apporta de l'*Ouadi-Fatmé* une charge de graines de pastèque, et on la promena en pompe dans les rues de la Mecque : elle devait être semée sur les ruines de Tarabè. Dès le 15 décembre, Méhémet-Ali détacha en avant Hassan-Pacha avec quatre mille Albanais. Ce dernier rencontra l'ennemi, et la victoire resta indécise. Instruit que les masses concentrées à Tarabè grossissaient incessamment, et menaçaient de le déborder, le vice-roi ne put différer son départ ; le 10 janvier 1815, il partit, emmenant avec lui douze cents chevaux, et se dirigea sur Koulak, où l'attendaient, munis de vivres pour deux mois, tous ses lieutenants, Hassan-Pacha et Abdine-Bey, Topouz-Oglou, Maho-Bey, Ahmed-Bonaparte et le chérif Rajè, dont il a été ci-dessus question. Méhémet-Ali marcha avec toute sa cavalerie sur Besel, dont s'était emparée une division de Ouahabites. Campés sur le flanc des montagnes opposées à Taïfa, ils possédaient là plusieurs puits excellents, tandis que les Egyptiens étaient obligés d'envoyer quérir l'eau à Koulak. L'ennemi comptait vingt-cinq mille fantassins, armés de mousquets, et cinq mille cavaliers dromadaires. Faïsal, le second fils de Saoud, commandait cette armée sans canons. Méhémet-Ali, au contraire, avait douze pièces d'artillerie, dont il s'appliqua à faire le meilleur usage. Bien retranchés dans leurs montagnes inaccessibles, les Ouahabites laissaient approcher toute la cavalerie égyptienne; leurs efforts se bornaient à empêcher, par des feux nourris, l'artillerie de prendre une position avantageuse dans la plaine, et ils y réussirent si bien, que Méhémet-Ali comprit qu'il n'y avait pour lui aucune chance de succès tant qu'il n'aurait pas tiré ses adversaires de leurs cîmes protectrices. Grâce à la nuit, il put cependant s'établir sur le côté des Ouahabites, et fit appuyer ses batteries de deux mille Arnaoutes, qu'il avait envoyé chercher à Koulak. Suivant l'ordre reçu, les chefs engagèrent leurs colonnes jusqu'à demi-portée de mousquet, envoyèrent quelques volées d'artillerie et se replièrent avec une sorte de confusion. Les Ouahabites, habitués à ces retraites précipitées de l'armée turque, n'imaginèrent point que celle-ci pût être simulée; ils crurent le moment venu d'écraser leurs ennemis, et, au mépris des constantes recommandations que Saoud leur avait faites jus-

qu'à son lit de mort, — ils descendirent de leur forte
position, et se jetèrent dans la plaine sur la trace
des Arnaoutes. C'était ce qu'attendait Méhémet-
Ali : quand il les vit assez loin, il leur coupa le
chemin des montagnes avec sa cavalerie, tenue en
réserve ; au même instant les fuyards firent volte-
face, et les Ouahabites, pris entre deux feux, commencèrent à joncher le sol de leurs cadavres. Il
n'y avait de salut pour eux que dans un mouvement
de flanc vers une vallée qui les aurait rapprochés
d'un terrain accidenté, impropre au développement de la cavalerie : ils s'y précipitèrent avec l'é-
nergie du désespoir ; mais là ils trouvèrent le chérif
Rajè, qui acheva leur déroute. Ce fut un massacre.
Méhémet-Ali combattit en personne, et tua un soldat
de sa main. Quinze cents Ouahabites, enveloppés
d'un seul coup, furent taillés en pièces ; un chef
des leurs, suivi de quelques centaines de ses compagnons, se fit jour à travers les rangs des vainqueurs, et se sauva par miracle ; un autre, le plus
fougeux, Bakroudg, immola, dans la mêlée, deux
officiers du vice-roi ; son cheval mort, il se glissa
parmi les cavaliers égyptiens, désarçonna l'un
d'eux, lui ravit sa monture et s'échappa. Tâmi,
seul, put, tout en combattant, effectuer un
semblant de retraite. Chaque tête de Ouahabite était payée six thalaris par Méhémet-
Ali, et cinq mille lui furent apportées avant la

fin du jour. Sur les montagnes, on trouva liés ensemble, par des cordes aux jambes, les Ouahabites de l'Acyr. En quittant la tribu, ces Bedouins avaient juré à leurs femmes, par le serment du divorce, de ne pas montrer le dos à l'ennemi : leurs munitions épuisées, toute chance de triomphe évanouie, ils avaient trouvé cet héroïque moyen de garantir la parole donnée.

L'armée égyptienne coucha à Koulak; quatre jours après, elle atteignait les murs de Tarabè. Faïsal n'essaya même point d'y tenir, et les habitants se hâtèrent d'ouvrir leurs portes à Méhémet-Ali, qui établit dans cette place son quartier général. Les Égyptiens voulurent piller quelques maisons, s'approprier quelques jolies femmes arabes : le vice-roi sut contenir la licence. Quoiqu'il pût considérer le gain de la campagne comme lui étant assuré, il résolut de n'en pas demeurer là, et d'aller jusque dans l'Yémen achever une œuvre de terrification si bien commencée. Il se dirigea donc vers le sud par les plaines, et après quatre jours de marche, arriva dans le fertile canton de Bichè, où les troupes restèrent pendant quinze jours; puis, informé que Tami levait de nouvelles recrues dans l'Yémen, et se disposait à venir l'attaquer, il voulut lui épargner la moitié du chemin, et marcha vers l'ouest à sa rencontre. Dans ce trajet, les Égyptiens eurent cruellement à souffrir de la disette : les tribus, effrayées, se dispersaient au seul aspect des vainqueurs, en emmenant leurs vivres et leurs bestiaux. On reprit un peu haleine dans les montagnes des Arabes Chomran ; mais, au sortir de là, les fatigues et les difficultés se re-présentèrent plus grandes encore ; cent chevaux moururent dans un seul jour. Méhémet-Ali, par son exemple et par ses encouragements, sut main-tenir le moral de ses soldats à la hauteur de pa-reilles épreuves ; lorsque les courages étaient prêts à défaillir, il les relevait par l'espoir de dé-pouilles opimes à recueillir dans l'Yémen ; lui et les officiers, quittant leurs montures, marchaient à pied en tête des colonnes. C'est ainsi qu'on arriva sur le territoire de la tribu d'Açyr, coupé de sinuosités rocheuses qui mirent de grands obstacles au passage de l'artillerie ; mais enfin on avait rejoint Tami, le plus vaillant des émirs oua-habites. A la tête de dix mille combattants, ce chef défendait les approches du château de Tôr, con-struit sur une montagne escarpée, et regardé comme imprenable. Malgré tout leur courage, et les exhortations de leur chef, les Ouahabites ne purent tenir contre l'artillerie égyptienne ; ils se dispersèrent, et bientôt les murs de la place s'é-croulèrent sous l'action du canon. Les Égyptiens trouvèrent dans ce fort des munitions de toutes sortes, et notamment une partie de celles qui leur avaient été prises l'année précédente à Confouda.

Rien ne manqua à ce succès, pas même la capture des chefs ennemis, — de Tami d'abord, qui expia sa défaite par la trahison d'un cheik chez lequel il s'était réfugié, et fut livré par lui, — de Bakroudg ensuite, fait prisonnier dans le Zaràn. L'un et l'autre ayant été amenés à Méhémet-Ali, il les fit garder à vue dans des tentes voisines de la sienne. Il s'entretenait volontiers avec Tami, dont la barbe blanche, l'œil de flamme et l'esprit réfléchi lui étaient sympathiques; il avait moins de goût pour Bakroudg, plus jeune et plus sceptique, et ne lui pardonnait pas, d'ailleurs, une certaine épître d'autrefois qui lui disait, entre autres propos assez mordants : « Tu connais à tes dépens la valeur des Ouahabites : le parti le plus sage pour toi serait de retourner en Égypte et de t'y régaler de l'eau du Nil. » Une nuit, Bakroudg profita du sommeil de ses gardes pour s'évader : il fut repris; mais dans la lutte il blessa un homme et en tua deux. Ramené devant Méhémet-Ali : « De quel droit, lui dit le vice-roi, frappes-tu mes soldats?— Quand je n'ai pas les mains liées par des cordes, j'agis à ma guise. — Ainsi ferai-je », repartit le pacha. Et la tête de Bakroudg fut expédiée à Constantinople. Tami n'eut que l'avantage de pouvoir suivre en personne le même itinéraire; car, arrivé à Constantinople, on l'y décapita.

XX

Le 21 mars 1815, Méhémet-Ali était rentré à la Mecque, en proclamant bien haut les résultats de sa compagne. Il n'avait perdu que cent quatre-vingts hommes, et ramenait trois cents blessés; mais l'armée comptait un grand nombre de malades, et l'intérêt de sa conservation, après des fatigues si excessives, exigeait qu'elle fût soustraite au climat meurtrier de l'Arabie. Le vice-roi la conduisit à Djedda et la fit embarquer tout entière pour l'Égypte, sauf Hassan-Pacha et quelques centaines d'Albanais. Après avoir pourvu à la défense des places de cette contrée, le vice-roi se hâta d'aller dans le Nord, où l'appelait le désir de savoir à quel point son fils Toussoun avait amené les choses. Il arriva dans Médine le 14 avril, escorté seulement d'une quarantaine de personnes. Abdâlla occupait la province de Kassim, et s'efforçait de tenir en échec Toussoun-Pacha, quand la nouvelle des succès de Méhémet-Ali dans le Sud lui faisant craindre un coup de main sur Deriyè, le prince des Ouahabites se replia sur sa capitale. Toussoun avait pris le parti de s'enfoncer dans le Nedjd à sa poursuite; dès qu'il avait été instruit du retour du vice-roi, il s'était mis en marche avec deux mille cinq cents soldats, un assez grand nombre de cavaliers arabes auxiliaires et trois bouches à feu.

Méhémet-Ali se préparait à appuyer ce mouvement de sa présence et de troupes fraîches; mais les nouvelles qu'il reçut d'Égypte donnèrent un cours tout différent à ses idées. Sans prendre souci de la tâche qu'il laissait interrompue dans la Péninsule, et lorsqu'un seul coup de vigueur eût suffi à la terminer; sans même beaucoup s'inquiéter de son fils, qu'il abandonnait dans les profondeurs du désert privé de vivres, de communications, et de forces pour ainsi dire; se bornant enfin à lui laisser à Médine quelques instructions qui avaient grand'chance de ne pas lui parvenir, — Méhémet-Ali quitta brusquement l'Arabie. Dès le 19 mai, le gouverneur d'Yambo recevait l'ordre de tenir un bâtiment prêt à faire voile dans la soirée; le lendemain arrivait le pacha avec une suite peu nombreuse; il s'embarquait sans nul retard, et ne permettait même pas au capitaine de longer la côte suivant l'usage, quoique le navire fût mal approvisionné d'eau; mais il lui ordonnait de gagner le large, atteignait Cosseir, et ne trouvant là sous sa main ni chevaux ni chameaux, il s'élançait à dos d'âne dans le désert, prenait une cange à Kénè, et rentrait dans sa capitale le 19 juin 1815, un mois, jour pour jour, après son départ de Médine.

XXI

A la diligence qu'avait faite Méhémet-Ali, on peut juger de l'urgence des motifs qui le ramenaient. Il y allait en effet de son gouvernement, dont diverses circonstances pouvaient contribuer à le faire déchoir pendant son absence. Pour les bien apprécier, il nous faut jeter un coup d'œil en arrière.

En quittant l'Egypte, le vice-roi avait laissé à sa place son kiaya, un homme sur la fidélité et l'énergie duquel il pouvait compter, mais qui, avec plus de force de volonté même que le Rouméliote, n'aurait pas réussi à imprimer la même crainte et la même obéissance. Il n'y a là rien que de très-naturel. D'ailleurs, Méhémet-Ali avait profité de son absence pour faire poursuivre l'exécution de certaines mesures dont il n'était pas fâché de laisser peser l'arbitraire sur autrui, notamment l'accaparement à son profit de toute la propriété territoriale de l'Egypte. A ce sujet les cheiks se firent les interprètes d'une protestation que le kiaya éluda en excipant des ordres qu'il avait reçus ; c'est donc à Méhémet-Ali qu'on résolut d'envoyer les doléances : mais pendant ce retard, le fait s'accomplit rigoureusement. Le cheik el-Môdi écrivit la requête, dont un très-petit nombre des propriétaires lésés voulut prendre la responsabilité, et que tous les gens qui ne possédaient rien refusèrent absolument de signer ; aussi le kiaya se garda-t-il d'expédier le factum à son adresse. Il y eut bien un commencement de tumulte à la mosquée d'el-Azar ; mais il fut uniquement causé par les femmes, et ne servit qu'à mettre en relief la couardise des cheiks, qui s'abstinrent prudemment d'y prendre la moindre part. Ce vénérable corps était descendu au plus profond degré d'abaissement, et le kiaya ne se gêna point pour faire pendre l'un de ses membres, accusé de dilapider le bien d'une femme riche qu'il avait épousée en légitime mariage.

Aussi n'était-ce point par un mouvement populaire que le pouvoir de Méhémet-Ali courrait un sérieux danger ; cette fois, comme dans tout le cours de sa carrière, son horizon politique ne s'assombrit que du côté de Constantinople. Ainsi que tous les gens égoïstes, ce que Méhémet-Ali soupçonnait le moins chez autrui, malgré sa finesse, c'était l'ingratitude; et la plupart de ses faux calculs furent basés sur une reconnaissance chez ses obligés dont il escomptait les bénéfices. De quelque brillant vernis de politesse dont fût recouvert son vasselage vis-à-vis de la Porte, quelqu'éminent service qu'il eût, en dernier lieu, rendu à cette puissance, elle ne pouvait contrevenir en sa faveur à la loi constante de sa politique vis-à-vis l'Egypte depuis Sélim Ier : plus un gouverneur de cette première des provinces de l'empire acquérait de force, plus près il était de l'indépendance, plus il était voisin de sa chute, au moins dans les secrets désirs du divan. Et puis, Méhémet-Ali, vainqueur des Ouahabites, avait plutôt blessé l'orgueil du sultan, qu'il n'avait servi la religion. Contre des dispositions aussi menaçantes, le vice-roi ne se mit point suffisamment en garde : peu après qu'il eut quitté l'Égypte, il en vit les dangereux effets. Parmi ses mamelouks, il en était un qu'il affectionnait beaucoup, Lâtif-Agâ, Géorgien de naissance que lui avait donné un de ses secrétaires : il le combla de faveurs, lui confia la clef de son trésor particulier, et lorsque parvint au Caire la nouvelle de la prise de Médine, c'est lui qu'il chargea de la porter à Constantinople, sachant bien que cette mission lui vaudrait une récompense honorifique. Lâtif fut en effet élevé au titre de pacha; mais là ne se bornèrent pas les suggestions de son orgueil, non plus que les largesses du divan. Le mamelouk outre-cuidant prétendit que rien ne serait plus facile que de supplanter le Rouméliote pendant qu'il guer-royerait en Arabie, d'où il avait d'ailleurs peu de chances de revenir, et qu'il se faisait fort, quant à lui, de mener à bien cette affaire, pourvu qu'il eût l'assurance d'être appuyé. Ce n'est pas avec une simple approbation que Lâtif s'en revint, mais avec un hatti-chérif l'investissant dûment de la place de Méhémet-Ali. Lâtif était un de ces con-spirateurs vulgaires, à la façon de Yassim-Bey, dont nous avons déjà conté la mésaventure : mal-heureux étourdis que la Providence semble jeter sur les pas des hommes dont elle a fait choix, pour être écrasés et servir d'exemple répressif aux gens vraiment trempés pour cette œuvre téné-breuse. Tout ce que Lâtif-Agâ put faire, à son ar-rivée, ce fut de ne point confier à tout venant l'acte authentique de son élévation ; mais dans son ton et dans ses manières, il se fit un changement si notable, il parut une enflure si significative, que Méhémet-Ali lui témoigna dès lors une froi-deur glaciale, et recommanda à son kiaya de ne pas le perdre de vue. C'est ce dont celui-ci s'ac-quitta avec le plus grand plaisir, car il l'avait tou-jours détesté. Naturellement, aussitôt Méhémet-Ali parti, Lâtif donna un libre cours à ses insolences ;

il augmenta sa maison, eut la prétention de s'entourer d'une armée, et étala un luxe de prodigalités qui lui gagnèrent des partisans, aussi peu durables que sa fortune. Il ne se passa pas longtemps avant que le kiaya eût jugé que le moment d'agir était venu. Il envoya quérir Lâtif pour assister à un grand divan tenu à la citadelle, dans lequel se trouvaient réunis Hassan et Taher Pachas, ainsi que plusieurs autres officiers; et afin que le sens comminatoire de cette invitation ne pût lui échapper, il eut soin de lui laisser le choix de s'y rendre ou de quitter à l'instant le Caire. L'occasion prend toujours au dépourvu ces ambitieux de bas aloi, nous l'avons déjà remarqué à propos de Yassim-Bey : le cas fut ici exactement le même. Au lieu de se mettre résolûment à la tête des siens, de proclamer le titre dont il était investi, et de jouer son va-tout, Lâtif tergiversa; il finit par vouloir quitter la place, alors qu'il n'était plus temps, et que des Albanais, entourant déjà sa maison, lui coupaient la retraite. Lâtif était perdu : il fit feu contre les assaillants, et ses munitions épuisées, il se réfugia dans une cachette avec six esclaves blanches, un mamelouk et son argent. Les portes enfoncées, les Albanais avaient assez à faire à piller et à violer les femmes sans s'occuper du coupable, qui en profita, la nuit venue, pour passer seul dans la maison voisine, celle de son kaznadar. Le kiaya voyait sa proie lui échapper. On trouva bien les six femmes cachées, le mamelouk et le trésor; on fit bien jeter à l'eau un derviche qui avait prédit à Lâtif cette haute fortune; mais toute la journée du lendemain fut perdue en vaines recherches pour mettre la main sur le proscrit, et il aurait probablement échappé, si, dans cette extrême épreuve, le courage et la patience ne lui eussent fait défaut. Ne se croyant pas en sûreté chez son kaznadar, il voulut, vers la fin du jour, gagner encore un autre gîte; tous les toits du Caire étant plats, cette manœuvre était facile; mais l'heure que choisit Lâtif est précisément celle où il se trouve le plus de monde sur les terrasses, pour aspirer les premières brises du soir. Un soldat l'aperçut et se mit à crier; Lâtif l'ajusta et le tua d'un coup de fusil : c'était le moyen de propager plus rapidement l'alarme. Peu d'heures après, le fugitif était découvert et garrotté. Le lendemain matin, le kiaya assembla un conseil pour la forme, et Lâtif fut condamné à mourir. Il fut amené au palais : en voyant le bourreau, le malheureux se jeta aux genoux de Mahmoud-Bey, qui l'avait escorté, et se confondit en larmes et en supplications : il s'était emparé du cordon de son sabre, et le tenait si serré qu'on fut obligé de le couper. On le décapita au bas de l'escalier du palais, le 8 novembre 1814.

Il va sans dire que la Porte n'éleva aucune récla-
mation ; si même, Lâtif une fois pris, il n'eût fallu
que le veto du divan pour lui sauver la vie, il est au
moins douteux qu'il lui en eût accordé la faveur.
Telle fut toujours la lâche politique de ce gouvernement vis-à-vis de ses serviteurs, aussi bien
qu'avec ses adversaires. A cette époque, les uns et
les autres allaient faire l'épreuve des plus dures
déceptions ; car le vieux corps ottoman, délivré un
instant des attaques extérieures, subissait une crise
interne, que le besoin de la défense lui avait jusque-là fait éviter. Depuis plus d'un siècle, il était
battu en brèche par la Russie ; encore un effort, et
cette puissance qui grandissait à vue d'œil, atteignait le but si vainement poursuivi par les nations
les plus chrétiénnes de l'Europe : elle rejetait les
Turcs de l'autre côté du Bosphore. Il n'était point
jusqu'à la France, la plus ancienne, et l'on pourrait dire la seule alliée de la Porte, qui ne parût
donner les mains à cette grande exécution ethno-
logique et religieuse ; le traité de Tilsitt, abandonnant virtuellement la Turquie à son ennemi, ne
lui faisait pas même l'honneur d'une stipulation.
Cette omission venait-elle précisément de la difficulté d'aborder ce terrain brûlant, ou bien n'était-
elle qu'une erreur de la politique de Napoléon ? Le
moment n'est pas venu de nous expliquer sur ce
sujet ; toujours est-il, si faute il y eut, que les ef-

fets en furent annulés par le cours des événements, qui replaça les deux contractants dans leur précédent antagonisme. La campagne de 1812 obligea la Russie à porter toutes ses forces dans le Nord, et la Porte esquiva encore une fois une catastrophe en signant le traité de Bucharest, qui donnait le Pruth pour limite aux deux empires. La chute de Napoléon et le dépouillement de la France furent des événements à l'occasion desquels chacun se couvrit d'un masque désintéressé ; dans un tel moment, le Czar aurait eu mauvaise grâce, surtout par égard pour l'Angleterre, à vouloir suivre ouvertement ses projets sur Constantinople; mais l'état intérieur de l'empire Ottoman lui donnait beau jeu d'agir dans ce sens par des moyens subreptices. Cet état d'anarchie était tel, qu'abandonné à lui-même, il y avait grande probabilité à le voir dégénérer en consomption incurable : qu'on juge donc ce qu'il devait devenir, entretenu et surexcité par l'influence russe. Quoi qu'il en soit, la Turquie se reposa un moment, avec le désir de remettre un peu d'ordre dans ses affaires. Nous avons dit qu'une des premières préoccupations de Mahmoud fut de châtier les grands feudataires révoltés, et de relier plus étroitement toutes les provinces à l'unité générale; aussi, Méhémet-Ali, dont les velléités d'indépendance n'étaient point douteuses, fut-il dès l'abord, et malgré l'éclat de ses services, rangé par lui dans la catégorie des hommes dont il fallait se débarrasser à tout prix. Le complot de Lâtif parut une façon ingénieuse et assez économique d'arriver à ce résultat; l'insuccès prouva au sultan que sa puissance n'aurait lieu de se faire sentir sur les bords du Nil que par une action immédiate, et il ne s'appliqua plus qu'à en rechercher les moyens et l'opportunité. Le Rouméliote, nous le savons déjà, entretenait à Constantinople des espions très-haut placés, et par conséquent très-bien renseignés. Il connut à point cette disposition d'esprit chez son souverain; et quand il eut appris que la flotte du capitan-pacha s'était montrée dans les eaux d'Alexandrie, il n'hésita pas un seul moment à revenir, nous avons vu avec quelle rapidité.

Quelques historiens ont donné pour motif principal à ce retour précipité, le fait du débarquement de Napoléon à Cannes, dont Méhémet-Ali aurait eu immédiatement avis, le vice-roi étant, dit-on, persuadé que l'Empereur n'avait jamais entièrement renoncé à la conquête de l'Egypte. Cette version est peu vraisemblable : à supposer que la nouvelle eût eu le temps de parvenir à Médine, dans l'état où se trouvait alors la navigation, fût-il exact même que Méhémet-Ali eût l'appréhension qu'on lui attribue, il était doué d'assez de bon sens et d'expérience politique, pour reconnaître que le glorieux proscrit avait, même au milieu de son triomphe, autre chose à faire qu'une seconde édition de la campagne d'Egypte.

XXII

Méhémet-Ali reprit, en maître respecté, les rênes de son gouvernement. Le lendemain de son arrivée, les chefs de l'administration et de l'armée vinrent lui présenter leurs hommages; il reçut aussi la visite des consuls, et leurs félicitations sur ses victoirés. Le kiaya le mit en peu de temps au courant de l'état des choses. Sur aucun point la vigilance de ce lieutenant n'avait pu être surprise; déjà il avait expédié des troupes pour les faire distribuer sur le littoral de la Méditerranée; Alexandrie augmentait tous les jours ses défenses; les barques transportaient incessamment au fort Julien et à Aboukir de l'artillerie et des munitions: on était prêt enfin à recevoir l'attaque, de quelque part qu'elle pût venir. La physionomie du pays n'avait rien perdu de son calme ordinaire. Dans la Haute-Egypte, les mamelouks ne donnaient point signe de vie; la terrible exécution du 1er mars

semblait les avoir à tout jamais frappés d'immo-
bilité. Il ne parut point cependant que le moment
de la clémence fût arrivé, et la cruauté du Rouméliote se montra encore sourcilleuse pour tout
ce qui se rattachait aux mamelouks. Un de leurs
anciens alliés, un cheik de bedouins de la Haute-
Egypte, qui avait longtemps guerroyé sous leur
drapeau contre les troupes de Méhémet-Ali, vint
faire amende honorable entre les mains d'Ibrahim-
Pacha; sur la foi d'un sauf-conduit, accordé par
celui-ci, l'imprudent crut pouvoir pousser jusqu'au Caire, et se hasarda à offrir lui-même au
vice-roi un présent de quarante chevaux en
échange de son pardon : il paya cette témérité de
sa tête.

Méhémet-Ali approuva toutes les mesures défen-
sives qui avaient été prises, et pensa à les compléter par l'exécution d'un projet qu'il roulait dans
sa tête depuis quelque temps, celui de discipliner
ses troupes à l'européenne. L'ardeur avec laquelle
le vice-roi convoitait ce résultat lui fit manquer,
en cette occasion, à sa prudence habituelle. Il con-
naissait assez ses soldats pour être certain qu'une
réforme aussi radicale ne s'accomplirait point
sans murmures; mais par ses récentes épurations,
il croyait avoir conjuré le danger d'une révolte sérieuse. L'événement le désabusa, et faillit emporter
d'un seul coup l'édifice si péniblement élevé par

ses mains. Tout au plus ces nouveautés auraient-
elles eu chance de réussir dans un cercle restreint,
sur un petit nombre d'hommes préalablement pré-
parés : le caractère d'urgence, et obligatoire pour
tous, que voulut leur imprimer Méhémet-Ali, souleva l'indignation générale. Dans ce concert de
malédictions, les Albanais se distinguèrent par leur
violence ; ces bandits, habitués à porter à leur
ceinture tout un arsenal, dont la vue seule terri-
fiait les pacifiques fellahs, et qui constituait la
meilleure partie de leur valeur, eussent consenti
à tout plutôt que d'y renoncer. L'orgueil et la pa-
resse de ces misérables se retranchaient derrière
un des articles du code Sunnite, qui dit : « Le souverain doit bien se garder d'innover, car le prophète a dit : toute innovation est une erreur, et
toute erreur conduit aux flammes. » Malgré ces
menaces, la proclamation du Nizam-Dgédid eut
lieu, et les instructions commencèrent; mais bientôt les effets succédèrent aux propos; les sous-offi-
ciers instructeurs furent assassinés dans les rues
et sur le champ même des manœuvres ; un complot s'ourdit entre les principaux officiers, dont le
but n'était rien moins que de s'emparer du vice-
roi et de le tuer. Trois d'entre eux se trouvaient
dans la soirée du 3 août, chez Abdine-Bey, qui
était revenu depuis peu malade de l'Arabie, et
donnait une fête à ses amis à l'occasion de sa conva-

lescence. Naturellement, on s'entretint de la question à l'ordre du jour; les conspirateurs, sans doute
pour engager leur hôte à faire cause commune avec
eux, lui confièrent le dessein qu'ils avaient d'aller
à l'aube surprendre le vice-roi dans son palais de
la place de l'Esbékiè. Abdine-Bey feint de céder
à leurs sollicitations; puis il les quitte sous un
prétexte, prend un déguisement, monte sur un
âne, et vient instruire Méhémet-Ali de ce qu'il a
entendu. Il retourne ensuite au milieu de ses con-
vives, qui ne se doutent de rien. Le Rouméliote
retrouva à l'instant sa prudence et sa décision; il
envoya chercher les soldats de Taher, laissa une
garde dans son palais, et sortit de la ville. A minuit il entrait dans la citadelle par la porte de la
montagne, avec un nombreux détachement; et,
à la pointe du jour, les conjurés s'apercevaient
que leur coup était pour ainsi dire manqué. Les
chefs abandonnèrent l'entreprise et se tinrent
cois; mais la tourbe, surexcitée, ne voulut point
en demeurer là. Dans tous les mouvements des
Albanais, quand le pillage n'était pas le but avoué,
c'était toujours la cause finale; la première parole prononcée à ce sujet sur la place de Rou-
méliè, où l'on s'était recordé, trouve un écho
formidable; immédiatement la soldatesque se
rue dans la ville, et y dévaste, sans distinction,
les établissements publics et les maisons privées.

Méhémet-Ali avait bien prévu que telle serait
l'issue de la tourmente : son palais fut le premier
attaqué; les gardes qu'il y avait laissés répondirent pendant un instant au feu de l'assaillant,
quelques hommes furent tués de part et d'autre;
puis les Albanais forcèrent les portes, et mirent tout à sac. Après les riches hôtels, ce qui
exerçait le plus d'attraction sur les pillards, c'é-
taient les bazars, et surtout le quartier des Francs,
dont les dépouilles auraient constitué à la fois une
bonne aubaine et une offrande agréable à Mahomet. Cette fois, leur cupidité eut un échec;
les Européens s'armèrent avec des armes que
Méhémet-Ali leur avait fait parvenir, et comme il
avait eu la précaution d'y joindre une quantité suffisante de munitions, les Albanais purent se convaincre qu'ils n'achèteraient leur proie qu'avec
leur sang. Rarement la chaleur du pillage porte à
la bravoure : les Albanais laissèrent là ces Francs
trop résolus, et se rejetèrent sur le quartier des
Maugrébins, autre objet de leurs convoitises; mais
on peut dire qu'ils tombèrent de mal en pis; car
ces négociants de la Mauritanie, aussi soucieux
que pas un Européen de conserver leur propriété,
et armés également par la prévoyance de Méhémet-
Ali, n'attendirent point que le colloque des sur-
venants devant leurs portes barricadées eût résolu
l'assaut, et se mirent à les canarder bel et bien de

leurs fenêtres. Il n'y avait décidément que les juifs
et les indigènes, gens accoutumés à toutes les
avanies, qui voulussent se laisser faire, et les Albanais puisèrent chez eux d'amples dédommage-
ments. Le dégât fut immense.

La longue expérience de Méhémet-Ali lui disait
assez qu'une révolte sans chef est une révolte
avortée, et qu'il n'avait qu'à attendre que celle-ci
s'éteignît par ses propres excès. Pour ajouter au
désarroi des perturbateurs, il se borna à employer
le moyen dont il s'était déjà servi dans une circonstance identique; le Nil étant parvenu à sa plus
grande hauteur, il fit couper, dans la nuit du 4 au
5 août, la digue qui retient les eaux du fleuve, et
subitement le Calich et les places publiques se
trouvèrent inondés, la circulation fut interrompue
sur plusieurs points de la ville. Les meneurs du
désordre, empêchés de se concerter, ne surent à
à quoi se résoudre; ils s'esquivèrent, et la tranquillité se rétablit graduellement.

Satisfait de ce premier résultat, Méhémet-Ali se
garda bien de vouloir en recueillir prématurément
les fruits, et de descendre de la citadelle; l'occasion était trop belle de se rendre nécessaire. Il attendit qu'on le priât de rétablir son autorité;
encore opposa-t-il d'abord un refus aux notables
qui étaient venus en députation, et n'eut-il l'air que
de céder à leurs instances. Et cependant, le rusé

pacha avait certainement provoqué cette démarche, en faisant appeler près de lui Seïd-el-Makrouki à la première nouvelle du pillage, et en
déclarant à ce négociant recommandable que son
intention était de rembourser intégralement, sur
le trésor public, les pertes éprouvées par ses con-
frères : qu'il eût en conséquence à faire dresser une
liste générale des objets détournés. Cette promesse, on le suppose, aiguillonna le désir de voir
l'ordre rétabli. Le Rouméliote ne fut pas moins
coulant avec les Albanais; il feignit d'ignorer le
nom des fauteurs de la révolte, les conserva dans
leurs commandements, et s'attacha les fidèles par
les larges effets de sa munificence : Abdine-Bey,
pour sa part, et en raison de l'éminent service
qu'il lui avait rendu, reçut mille bourses. Enfin,
la promesse donnée d'abandonner des projets de
réforme intempestifs acheva la réconciliation ;
seulement, le vice-roi obtint un point important:
il promulga et maintint la défense aux soldats de
porter leurs armes hors du temps de service.
Toutes ces choses étant bien réglées, il descendit
de la citadelle après les fêtes du *Baïram* (1), et
reprit sa résidence à l'Esbékiè. Jamais le vice-roi
ne s'était montré en si belle humeur; les cheiks
et les ulémas crurent le moment venu de pré-

(1) Fêtes qui suivent le Ramadan.

senter leur humble supplique à l'égard des biens du clergé, dits *rizaqs*, dont ils demandaient la restitution. Ils n'essuyèrent point de refus, tout au contraire; Méhémet-Ali promit de rendre même les biens des particuliers; mais il se réserva le choix du moment opportun.

Malgré tant de mansuétude en apparence, ce qui peut donner une idée vraie de la disposition d'esprit où il se trouvait, c'est sa façon d'en user avec un certain Hagag-el-Kodari, simple citoyen de la ville du Caire. Cet homme avait joué un rôle lors de l'insurrection qui mit fin au pouvoir de Kourchid, et créa celui du Rouméliote; c'était alors un des meneurs populaires les plus influents. Méhémet-Ali pensa qu'en raison de ces précédents, il avait bien pu prendre une part active aux derniers troubles, et sur cette simple présomption, il le fit pendre, pour l'exemple.

Quant aux Albanais, si leurs services passés avaient conservé quelque peu de valeur aux yeux de leur chef, l'échec qu'ils venaient de faire subir à ses projets les plus chers lui enlevait jusqu'à l'ombre de la reconnaissance, et ils n'avaient plus à compter qu'avec la colère et l'animadversion du maître.

XXIII

Il est temps de revenir à Toussoun que nous
avons laissé engagé dans un assez mauvais pas.
A la nouvelle de son entrée sur le territoire du
Nedjd, le fils de Saoud, lui aussi, avait fait un
retour offensif, et le but de chacun des adversaires se trouva être de devancer l'autre à El-Rass,
qui est le point intermédiaire dans la ligne con-
vexe que décrit le chemin praticable entre Médine
et Dériyè; — car les montagnes et les déserts situés
dans la ligne droite, forment des obstacles in-
surmontables au passage d'une armée. Le général
égyptien gagna le prix de cette course, et s'empara de la place, mal défendue, à l'improviste;
Abdàlla, en retard de quelques heures, ne put
qu'engager des combats d'avant-postes avec les
Arabes qui servaient d'éclaireurs à Toussoun, et,
par une marche de ses cavaliers dromadaires tra-
çant la corde de l'arc parcouru par l'armée égyptienne, enlever un convoi de munitions destiné à
celle-ci et venant de Médine. L'occupation d'El-Rass
avait plus qu'une importance stratégique, elle as-

surait à son possesseur la soumission et le concours
jusqu'à un certain point des tribus environnantes :
en effet, une foule de cheiks vinrent au quartier-
général de Toussoun faire leurs offres de service.
Les Ouahabites ressentaient profondément le péril
qui résultait pour eux de ces défections; aussi
toute leur rage s'exhalait-elle contre ces traîtres,
« qui, disaient-ils, reniaient leur patrie pour se faire
les valets et les chiens des Turcs. » Toussoun, de
son côté, n'était point porté à s'exagérer les avantages de cet état de choses, il savait pertinemment
que ces alliances ne dureraient qu'à la condition de
toujours vaincre, et qu'une défaite les changerait
instantanément en hostilités les plus acharnées.
En attendant, ces nombreux auxiliaires lui étaient
plus incommodes qu'utiles; les vingt mille chameaux, les deux cent mille moutons qu'ils traî-
naient à leur suite, dévoraient tout dans le
camp, et eurent bientôt transformé les environs
d'El-Rass en un désert; l'armée elle-même était tout
à fait dépourvue d'approvisionnements. La place
n'était donc plus tenable; mais reculer, c'était se
mettre tous ces gens sur le dos, et risquer de
se voir à tout jamais couper les communications
avec Médine, d'où le jeune général attendait de
jour en jour des renforts. Il s'étonnait de ne pas
les voir arriver, et de n'avoir aucune nouvelle de
son père; il avait envoyé à ce dernier son *tou-*

toungi (1), et le retour de cet officier tardait plus que de raison. Néanmoins, Toussoun se décida pour le parti le plus courageux; il fit raser les fortifications d'El-Rass, pour empêcher les Ouahabites de s'y établir, et porta son camp en avant. Abdâlla lui-même s'était, par un mouvement en arrière, rapproché d'Anéïsè, qui n'est qu'à quatre lieues d'El-Rass. Là, les deux partis restèrent en observation pendant plus de vingt jours. Les Ouahabites se bornaient à escarmoucher sans oser faire une attaque en règle du camp, dont les approches étaient bien défendues; les Egyptiens se gardaient bien de quitter leurs lignes pour courir sus aux agresseurs. Enfin, on vint apprendre à Toussoun, que son toutoungi, en revenant de Médine, avait été massacré non loin d'El-Rass. Les Arabes, porteurs de la nouvelle, faisaient partie de son escorte, et avaient eu le bonheur d'échapper : ils ajoutèrent que Méhémet-Ali était parti de Médine pour l'Egypte, et que les renforts s'étaient arrêtés à Hennakiè, la première des stations dans le désert, à cause du manque de provisions et des moyens de transport. Toussoun n'avait plus à balancer : ce n'était pas avec la poignée d'hommes dont il disposait, et dans la pénurie où il se trouvait, qu'il pouvait se flatter de l'espoir de conquérir Dériyé :

(1) Officier chargé des pipes.

cent chameaux chargés de vivres venaient encore
d'être capturés par l'ennemi aux portes du camp.
Toussoun résolut de se replier sur El-Rass, dont
il n'était distant que de six heures de marche;
mais pour donner le change aussi bien aux
Ouahabites, qu'à ses propres troupes, sur l'esprit
desquelles il craignait l'effet de ce mouvement,
il fit ses dispositions comme pour attaquer. Il
ranima les siens en leur disant que si les Ouahabites étaient en force, ils auraient eux-mêmes
pris l'offensive. Vers minuit on leva le camp. Les
Turcs, persuadés qu'ils marchaient à l'ennemi, faisaient entendre des murmures. Les Arabes de Harb,
auxquels l'artillerie était confiée, formaient l'avant-
garde; les Bedouins Houaïtat couvraient la retraite : ces derniers montèrent sur une hauteur dominant le camp ennemi, et y déployèrent les étendards, à l'aspect desquels les Ouahabites se préparèrent à combattre; mais quand ils reconnurent
l'intention véritable de l'armée turque, ils voulurent s'élancer à sa poursuite. Il était trop tard; la
ruse de Toussoun avait réussi, et il put rentrer
à El-Rass sans brûler une amorce.

Les Turcs trouvèrent quelques vivres, de gré
ou de force, dans les villages d'alentour; ils ne
furent pas sérieusement inquiétés pendant quelques jours; néanmoins leur position n'avait point
subi d'amélioration notable, et Toussoun était

dans un plus grand embarras que jamais, lorsqu'il reçut dans son camp un envoyé d'Abdâlla, porteur non pas seulement de propositions pacifiques, mais d'offres de soumission. C'était si bien la dernière des choses à laquelle le général égyptien dût s'attendre, qu'elle le trouva un peu décontenancé, et qu'il lui fallut, pour y croire, l'insistance qu'y mit le parlementaire. Toussoun répondit qu'il ne pouvait prendre de résolution définitive avant le délai de vingt jours, mais qu'en attendant il consentait à un armistice, et il renvoya le parlementaire avec un de ses officiers pour en régler les conditions au camp ouahabite. Le général égyptien espérait toujours de bonnes nouvelles de Médine, où il envoyait courrier sur courrier.

Cette espèce de fin de non-recevoir opposée à sa complète abnégation, — il se reconnaissait comme sujet du grand-seigneur, — aurait dû faire revenir Abdâlla à des sentiments plus énergiques; mais le descendant dégénéré de la forte race des Saoud et des Abd-el-Aziz aspirait au repos et à la tranquille jouissance des richesses amassées par ses aïeux; sa faiblesse en cette occasion était conforme à tous ses antécédents, elle présageait la fin ignominieuse qui devait, à quelques années de là, couronner sa triste carrière. Si quelque chose eût été capable de l'exonérer de la

honte de cette transaction avec un ennemi réduit
aux abois, et dont il aurait pu avoir raison même
sans combattre, c'était l'intention préméditée d'obtenir par ce subterfuge un moment de répit, sauf
à violer plus tard l'esprit et la lettre des traités :
mais il ne paraît point que la mémoire d'Abdâlla
puisse bénéficier même de cette excuse, et, quoique, plus tard, il se soit essayé dans ce nouveau rôle
et montré traître à la foi jurée, ce ne fut que par
un autre motif de faiblesse, et sous la pression
énergique des volontés de son peuple. La preuve
en ressort de ce fait que, peu de jours avant l'ex-
piration de la trève, Abdâlla reçut de Dériyé tout
à la fois des renforts considérables et de bonnes
nouvelles : les Anglais avaient été repoussés dans
leur tentative sur la côté orientale de ses domaines;
des troupes toutes fraîches, au nombre de plus de
vingt mille hommes, étaient pleines d'ardeur, et
pressaient leur chef de recommencer une guerre
dont l'issue ne pouvait être douteuse, maintenant
que l'armée ennemie avait perdu, pour longtemps,
l'espoir d'être secourue de l'Egypte. Abdâlla resta
sourd à toutes ces remontrances, et répondit que
sa parole était donnée.

Il se passa dans le camp égyptien une autre comédie. Toussoun-Pacha avait enfin vu arriver
Ahmed-Aga, le kaznadar, avec six cents hommes;
ce renfort était accompagné de cent chameaux

chargés de munitions de guerre; mais il n'était
pourvu que de cinq jours de vivres, vu la difficulté
du convoiement, et l'impossibilité de décider les
Arabes à prêter leurs secours, depuis le mauvais état des affaires de l'armée; car peu après le
départ de Méhémet-Ali, le bruit s'était répandu
à Médine et dans les environs, que les troupes de
Toussoun avaient été anéanties. Néanmoins, ce
renfort inespéré exhalta tellement la confiance
des Turcs, que, dès ce moment, ils ne voulurent
plus entendre parler d'armistice : officiers et
soldats s'écrièrent à l'envi qu'ils étaient venus
pour faire la guerre, et non pour assister à un
traité de paix. Devant ce sentiment unanime,
Toussoun dut céder. Les Ouahabites campaient à
trois lieues d'El-Rass : il fut décidé qu'au mépris
de l'armistice, on irait les attaquer. Mais le lendemain, il arriva qu'une grande partie du bétail
des Arabes alliés fut enlevée par ces mêmes Ouahabites : c'était une occasion qu'il ne fallait pas laisser
perdre, de leur infliger une correction en reprenant le bien volé. Ahmed-Agâ se chargea de l'affaire; il se mit à la tête des troupes et marcha
droit à l'ennemi. Le soleil fut si brûlant ce jour-là,
que les Turcs se trouvèrent épuisés par une marche de quelques heures dans les sables, et, qu'arrivés devant les Ouahabites, qui les attendaient de
pied ferme, rien ne put les décider à en venir aux

mains. Ahmed-Agâ rentra au camp un peu con-
fus, et beaucoup moins belliqueux : mais un
changement encore plus notable s'était opéré
dans l'esprit de l'armée, et les chefs se prirent à
dire hautement que puisque, après tout, Abdâlla
offrait de se ranger sous les lois du grand-seigneur
et de l'orthodoxie, et que la guerre n'était à nulle
autre fin, ils ne voyaient pas pourquoi sa demande serait repoussée; qu'il ne s'agissait que
de prendre des gages de sa bonne foi, en attendant la ratification de Méhémet-Ali; qu'il fallait surtout exiger des habitants des vivres au
prix stipulé, etc., etc. L'arrivée au camp de
l'oncle d'Abdâlla et de quatre de ses parents,
comme plénipotentiaires chargés de conclure la
paix, les riches présents dont ils étaient porteurs,
achevèrent de faire prédominer l'esprit de conci-
liation. D'ailleurs, Abdâlla semblait tendre au
joug un cou complaisant; ses envoyés se présen-
taient humblement, suivant leur langage, à la
porte de la miséricorde égyptienne; mais les conditions qui lui furent faites n'en furent que plus
dures : la renonciation des Ouahabites à toute
maxime rénovatrice, l'engagement pris par leur
chef de subir les volontés absolues du grand-
seigneur, de se rendre même à Constantinople
s'il y était mandé, de livrer les clefs de sa capitale
à qui bon semblerait à Méhémet-Ali, de n'ambi-

tionner rien au delà du titre de *Cheik-el-Beled* (1), de restituer toutes les richesses ravies au tombeau du prophète, d'assurer les communications et le transit des caravanes, d'obéir au gouverneur de Médine..... Telles furent les clauses imposées par Toussoun : c'est le pis qu'on aurait pu exiger d'un ennemi vaincu et terrassé. Abdâlla les accepta sans sourciller. L'envoyé turc, qui accompagna ses fondés de pouvoir à leur retour, lui remit un sabre, en lui disant : « Cette arme est le gage de votre soumission ; elle sera votre appui si vous tenez vos promesses : sinon, elle vengera le sultan, notre maître à tous. » Des crieurs proclamèrent dans le camp la paix conclue, la souveraineté du grand-seigneur, et l'ordre de mêler son nom à la prière du vendredi. Le soir même des vivres et des fourrages furent apportées au camp de Toussoun, et Abdâlla, pour plus grand témoignage de sa fidélité, fit encore l'offre de sa bourse au général égyptien.

Ce traité devait encore subir l'épreuve de deux ratifications, celle de Méhémet-Ali et celle du sultan. Le chef ouahabite choisit deux députés dans la classe des notables de Dériyé : munis de ses instructions, accompagnés des otages, ils se rendirent au quartier-général des Osmanlis.

(1) Seigneur du lieu.

Toussoun n'attendait qu'eux pour partir; le lendemain de leur arrivée, il leva son camp et se mit en marche pour Médine, d'où les députés furent expédiés en Égypte, sous la conduite de son seligdar.

XXIV

Les députés arrivèrent au Caire au plus fort de la révolte des Albanais. Le vice-roi, beaucoup trop occupé alors pour leur donner audience, prit à la hâte connaissance de ce que lui mandait son fils, et les fit mettre chez le commandant de la citadelle; il ne se souvint d'eux que lorsque l'ordre fut rétabli, et qu'il eut du même coup recouvré toute sa liberté d'esprit. Alors les faisant venir, il leur manifesta quelque bienveillance, et leur remit une réponse pour leur prince, portant en substance : « Vous avez porté la guerre aux habitants des villes saintes, et outragé la majesté de Dieu, en dépouillant le tombeau de son prophète. Il m'est donc impossible de vous pardonner avant que vous n'ayez restitué les objets que vous avez enlevés, que le commandement de Dériyé ne soit remis au gouverneur de Médine, que vous-même, en témoignage votre obéissance à la Sublime-Porte, qui seule a le droit de vous juger, n'ayez obtempéré à son désir de vous voir venir lui rendre compte de votre conduite. Que si vous exécutez fidèlement toutes ces conditions, vous pouvez être assurés de mon intercession empressée pour obtenir votre pardon ; sinon j'enverrai une armée qui vous traitera sans merci. »

Cette stricte confirmation des clauses stipulées par Toussoun, ne fut pas du goût d'Abdâlla. Mais les envoyés n'étaient pas encore de retour, que divers incidents avaient augmenté les méfiances d'un côté et d'autre, et prouvé qu'un traité de paix pourrait difficilement s'exécuter au gré des deux parties. Abdâlla n'avait pas oublié les défections des cheiks de la province de Kassim, qui contribuèrent à le mettre en si mauvais point. A peine les troupes égyptiennes avaient-elles quitté El-Rass, qu'il convoqua tous ces cheiks, et les fit partir à Dériyé, où il se réservait de faire un triage suivant leurs faits et gestes : en attendant, il pourvut à leur remplacement, et fit procéder à la recherche et à la punition de ceux des Arabes qui s'étaient montrés partisans des Turcs. Ces sévérités réactionnaires, et le soin que prit Abdâlla de faire fortifier la capitale, ainsi que les principales villes, furent l'objet de la réprobation de Toussoun ; il écrivit de Médine à Abdâlla pour lui dire qu'il en avait connaissance, qu'il les considérait comme des gages de mauvaise foi, et que s'il persévérait dans cette voie, il serait cause de la ruine de son pays, dont le nom même disparaîtrait de dessus la terre. Le chef ouahabite répondit par des cadeaux et des protestations; il se fit aussi humble que possible, disant que de pareils bruits étaient répandus par des gens attachés à lui nuire, et qu'au surplus, s'il y avait des coupables, ils ne tarderaient pas à recevoir leur châtiment.

Toussoun demeura tout le mois de Ramadan à Médine. Depuis longtemps on était sans nouvelles d'Égypte, et les arrivages de Suez et de Cosseïr avaient complétement cessé; tout à coup le bruit se répandit qu'une insurrection avait éclaté au Caire, et que le vice-roi avait été tué; de sourdes rumeurs agitaient déjà les Arabes et l'armée. Toussoun dépêcha aussitôt un émissaire au gouverneur de Yambo, lui enjoignant de simuler l'arrivée d'un exprès du Caire, porteur de dépêches, et de le lui envoyer. Ce prétendu courrier remit à Toussoun le message supposé, que celui-ci fit semblant de lire, après quoi il ordonna de tirer des salves d'artillerie en réjouissance de ce que les nouvelles débitées étaient fausses, que son père se portait à merveille, que tout allait pour le mieux dans la capitale de l'Égypte. Pourtant les renseignements qui vinrent ensuite ne permirent plus de douter que l'insurrection n'eût eu lieu. Toussoun partit aussitôt pour Bedr, et commanda à ses troupes de prendre le chemin de l'Égypte, en laissant des garnisons à Médine et à Hennakiè. Lui-même vint s'embarquer à Yambo. Parvenu à Tôr après six jours de traversée, il fit voile pour Suez; de là il se dirigea sur le Caire. Il fut reçu, le 7 novembre, au lac des Pèlerins, par les grands-officiers de la cour, les chefs de l'armée et les notables habitants, venus au-devant de lui en grande pompe. Le peuple, enthousiasmé, accompagna de ses acclamations le héros de vingt ans, le libérateur des lieux saints. Après avoir donné quelques instants à la tendresse maternelle et aux embrassements de sa famille, il se rendit à Alexandrie, où se trouvait alors le vice-roi : il avait hâte de voir son père, et son fils, Abbas-Bey, âgé de deux ans, qui était né pendant son absence. Méhémet-Ali avait emmené avec lui cet enfant, qu'il aimait déjà de l'amour aveugle du grand-père.

XXV

La lettre de Méhémet-Ali à Abdâlla n'était que

la paraphrase du mot de la comédie : « au moins rendez l'argent ; » mais c'était là certes le plus difficile. Voici ce que l'émir écrivit en réponse : « Nous ne possédons plus rien des richesses que Saoud, notre père, trouva au tombeau du prophète, et dont il s'était emparé ; tout a été rendu ou dissipé. Pour ce qui est du droit souverain, vous pouvez envoyer quelqu'un qui vous représentera, et touchera les dîmes, si mieux vous n'aimez nous soumettre à un impôt fixe, que nous acquitterons bien volontiers. Mais nous vous supplions de nous exempter du voyage de Constantinople, tout en voulant bien être, auprès de la Sublime-Porte, l'interprète de nos sentiments de fidélité et de reconnaissance. »

A la lecture de ces phrases évasives, le vice-roi entra dans une violente colère ; il renvoya les présents dont elles étaient accompagnées, et, dédaignant de communiquer directement avec Abdâlla, il le fit prévenir qu'il allait mettre à ses trousses son fils Ibrahim avec une nombreuse armée ; qu'il ruinerait le pays, et exterminerait ses habitants ; qu'il ne laisserait pas pierre sur pierre à Dériyé, et qu'il le ferait conduire lui-même, mort ou vif, à Constantinople. Les cheiks affidés et les tribus amies étaient en même temps instruits de cette résolution, et avertis de se préparer en conséquence.

Une déclaration aussi nette coupait court à
la diplomatie d'Abdâlla vis-à-vis du Rouméliote:
elle ne put du même coup mettre un terme à
ses indécisions. Les gens irrésolus sont grands
partisans de conseils et de délibérations : Abdâlla assembla sa famille et ses officiers les plus
dévoués pour les consulter sur ce qu'il y avait
à faire dans une situation si critique. Tous furent d'avis de se préparer à la guerre, et ils ne
pouvaient opiner autrement, à moins d'engager leur prince à la plus dégradante des humiliations. Abdâlla croyait avoir gagné un surcroît de force à constater l'unanimité de ses adhérents ; il n'avait fait que mettre en évidence
ses déplorables tergiversations. Comme tous les
gens, aussi, qui vivent dans l'appréhension d'un
fort, il faisait expier aux faibles, par des sévérités
inouïes, les défaillances de son courage ; le
moindre soupçon de partialité pour les Turcs,
valait à ceux sur qui il tombait d'odieuses persécutions. C'était avec les dissensions intestines
qu'il eût fallu transiger en un pareil moment, plutôt qu'avec l'ennemi ; or, toutes les inquiétudes
d'Abdâlla n'étaient dirigées que d'un côté, et sur
le point d'engager une lutte mortelle, on le vit
encore essayer de fléchir son adversaire par des
prévenances et d'humbles démarches ; il grati-
fiait de cadeaux les gouverneurs de Médine et de la

Mecque; il tolérait et favorisait le passage des caravanes qui se rendaient dans ces lieux; il envoyait dépêche sur dépêche à Méhémet-Ali, pour se prévaloir de cétte tolérance; il l'assurait que le peuple du Nedjd était le mieux du monde disposé pour le grand-seigneur, que lui et les siens tiendraient la main à ce que ces bonnes dispositions fussent maintenues; que la Porte n'aurait pas de meilleurs sujets, et qu'il était prêt, pour sa part, à marcher, si on le lui ordonnait, contre les infidèles. Le sentiment de l'émir se révélait pleinement dans ces protestations sans dignité; ce qu'il demandait, c'était qu'on lui laissât tranquillement exploiter les tribus rangées sous sa loi, et que sa soumission à la Porte lui fût une nouvelle garantie contre ses propres sujets: *Omnia serviliter pro dominatione*. Le mot sera toujours vrai. Mais le peuple du Nedjd n'en était pas au point de gangrène morale de la vieille Rome, il ne jugeait pas encore ses chefs sur l'étiquette, et on ne pouvait acheter ses faveurs et son obéissance qu'au prix des plus mâles sacrifices. En vain Abdàlla fit-il tous les efforts en apparence pour organiser une défense formidable; en vain les membres de sa famille donnèrent-ils l'exemple du dévouement en vendant leurs propriétés pour équiper des troupes, en vain les imans, gagnés à la cause du prince, soufflèrent-ils le feu de la guerre sainte dans les prédications de

la chaire : les Arabes, les chefs de tribu contemplè-
rent toute cette activité d'un œil froid, entendirent
silencieusement ces discours. Les uns se rappe-
laient que le prince avait tenu pour ainsi dire à sa
merci l'armée turque et l'avait laissée échapper ;
les autres avaient encore dans l'oreille la musique
des paroles persuasives de Toussoun, le jeune et
brillant héros, ils sentaient encore dans leurs
mains le contact brûlant de l'or de Méhémet-Ali.
Un certain nombre aspiraient ardemment à se
venger des injures et des rapines des enfants de
Saoud, et n'attendaient que l'arrivée des Osmanlis
pour en trouver l'occasion. Aussi, malgré le grand
nombre de soldats qui furent levés ; malgré
l'état respectable de défense des villes qui se trouvaient sur la route de Médine à Dériyé ; malgré les
trente mille hommes mis en réserve pour garder
cette capitale, que défendaient encore mieux les
horreurs d'un désert de trois cents lieues ; —
en dépit de cet apparat de force, de toutes ces
probabilités de succès, — Abdâlla pressentait vaguement que l'homme qui arrivait d'Égypte à la
tête de quelques bandes de mercenaires, venait
faire sonner l'heure suprême de son pouvoir et de
sa vie.

XXVI

Le vice-roi avait, en effet, répondu aux derniers messagers d'Abdàlla : « Vous pourrez dire à votre prince de se préparer à combattre. J'envoie mon fils Ibrahim qui saura le châtier, lui et tous ses adhérents. » Nous n'avons pas encore eu l'occasion de faire connaître au lecteur cet aîné des fils de Méhémet-Ali, destiné à devenir le bras armé de sa politique. En 1815, ce prince accomplissait sa vingt-sixième année; depuis dix ans déjà, son père l'employait à divers services de guerre et d'administration; car, au contraire de l'usage si généralement suivi par les souverains orientaux, Méhémet-Ali, chez qui les sentiments paternels étaient développés avec toute l'énergie de son caractère, mit de bonne heure tous ses enfants à même de manifester leurs qualités individuelles, et de concourir à l'illustration commune de la famille. Cette patriarcale condescendance fut encore, comme on le verra dans la suite, un excellent calcul. Ibrahim n'avait laissé perdre aucune occasion de se signaler; dès l'âge de seize ans, commandant un corps de trois cents cavaliers, il prenait part à la dernière campagne de Méhémet-Ali contre les Mamelouks, et fondait sa réputation de soldat intrépide; plus tard, en 1812, ce fut toute une armée qu'il conduisit contre les mêmes ennemis. Mais alors les Mamelouks n'opposaient plus que de vains débris aux armées turques, et Ibrahim n'eut aucune peine à les refouler en Nubie. Nous avons vu qu'en 1806, il fut désigné par son père comme ôtage, pour répondre des engagements du vice-roi envers la Porte: il resta un an à Constantinople, et en revint avec le grade de Defterdâr du Caire. En 1809, il n'était encore que bey, et fut investi du gouvernement du Saïd, tout en conservant son poste de defterdâr; il sut se mettre à la hauteur des difficultés de cette mission; jamais les revenus de cette partie de l'Égypte n'atteignirent le chiffre auquel ils s'élevèrent sous son administration, et le jeune prince donna, dans cette période de sa carrière, les premiers indices de son goût éclairé et persistant pour l'agriculture. Par malheur, parallèlement à ces brillantes qualités, on vit se développer chez lui une férocité, que le défaut d'éducation, ses habitudes militaires, et le milieu même dans lequel il vivait, pouvaient expliquer, mais qui était avant tout innée chez lui, et exprimait un besoin de sa nature. Il vint un moment où le prince égyptien,

généralissime et héritier présomptif d'une cou-
ronne, mis en contact avec les intérêts les plus
élevés de la politique et de la civilisation, objet
des regards du monde entier, sentit la nécessité
de combattre ces instincts sanguinaires, qui le ra-
valaient à une condition moins qu'humaine ; mais
il n'y réussit qu'imparfaitement, et trouva dans
cette lutte impuissante le principal écueil à sa réputation en Europe, à sa popularité en Égypte.
Les faits qui donnent matière à ce reproche sont
déjà nombreux dans la première jeunesse d'Ibrahim, et ils paraissent malheureusement avérés.
Des auteurs, qui lui sont d'ailleurs systématique-
ment hostiles, se sont plus à les recueillir ; nous
considérons ce soin comme au-dessous de notre
tâche ; les actes dont il s'agit n'empruntent aucun
palliatif à des motifs de nécessité ou d'intérêt publics, ils appartiennent moins à l'apologie de la
force brutale, qu'à une sorte de cannibalisme dont
les civilisations même les plus avancées ne peu-
vent empêcher les effets individuels. Qu'il nous
suffise de constater que si une insouciance toute
musulmane, peut-être trop de faiblesse paternelle,
portèrent Méhémet-Ali à ne point réprimer ces
actes de froide et inutile barbarie, il n'en donna,
quant à lui, jamais l'exemple, et ne se montra impitoyable que par raison politique.

En 1813, Ibrahim avait été élevé à la dignité de

pacha à deux queues, et investi du commandement
de Girgè; et lorsqu'à la fin de 1815, son père eut résolu de l'envoyer contre les Ouahabites, ce fut lui
qui se chargea en grande partie d'organiser l'expédition. Malgré l'ardeur bien naturelle du jeune
général, et une activité que peu d'obstacles étaient
capables d'arrêter, on ne fut pas prêt avant le mois
de septembre de l'année suivante. Il avait d'abord
été décidé que l'armée ne serait composée que de
volontaires, mais le nombre des soldats qui s'of-
frirent à en faire partie s'étant trouvé insuffisant,
Ibrahim publia un ordre du jour désignant les
troupes qui devaient le suivre. Kénè, dans la
Haute-Égypte, fut le point de ralliement pour l'infanterie, les munitions et les bagages; la cavalerie,
laissée au Caire, tourna l'isthme de Suez pour entrer en Arabie. Quelques Européens, les premiers
peut-être qui dussent pénétrer dans le Nedjd, s'é-
taient joints à l'expédition; M. Vaissière, officier
français que les événements de 1815 avaient jeté
en Égypte, remplissait auprès d'Ibrahim les fonctions d'aide de camp; MM. Antoine Scoto, médecin du prince, André Gentili, Todeschini, chirur-
giens, et Socio, pharmacien, étaient à la tête du
service de santé. Un autre compagnon avait été
donné à Ibrahim; c'était Rajè, notre ancienne
connaissance. Peu après son retour en Égypte,
Méhémet-Ali craignant l'effet des intrigues du

chérif avec les Ouahabites, donna ordre à Hassan-
Pacha de le lui envoyer sous bonne escorte. Une
année de séjour au Caire auprès du vice-roi, et de
nouvelles gratifications, avaient raffermi les bonnes dispositions de Rajè, et il y avait lieu encore
d'espérer quelques avantages de ses intelligences
dans le camp ennemi ; seulement, il ne devait pas
lui être permis de franchir l'enceinte des villes
saintes, Médine ou la Mecque.

Le 3 septembre 1816, Ibrahim-Pacha recevait
les dernières instructions de son père, les adieux
de sa famille, et s'embarquait au vieux Caire. Son
voyage sur le Nil n'offrit rien de particulier, si ce
n'est qu'à Siout il fit saisir à l'impromptu, et mé-
prisant les cris et les larmes, deux mille fellahs
pour le service de son armée et de sa maison. Six
mille chameaux, mis en réquisition chez les Arabes Ababdès, transportèrent l'armée et tout son
attirail à travers le désert qui sépare Kénè de Cosseir ; l'embarquement dans ce port eut lieu sans nul
retard, et Ibrahim-Pacha mit à la voile le 23 septembre.

XXVII

Nous ne consacrerons pas à la campagne d'Ibrahim les mêmes développe ments explicatifs qu'aux précédentes péripéties de cette guerre sanglante; non qu'elle ne présente tout autant d'intérêt, mais parce que ce récit détaillé comporterait une étendue hors de proportion avec notre cadre. Nous allons brièvement en récapituler les événements saillants, en devançant pour cet objet l'ordre chronologique.

Six jours après son depart de Cosseir, la flotille égyptienne était mouillée dans le port d'Yambo. Le camp fut porté à Melha, à quelques lieues en avant dans les terres; l'armée y passa quarante jours dans l'attente des chameaux et autres accessoires indispensables, que les Bedouins s'étaient engagés à lui fournir. Les montagnes qui, de Melha, s'étendent vers Médine et la Mecque, sont occupées par des tribus de pillards incorrigibles, qui ne vivent qu'aux dépens des caravanes. Ibrahim, pour leur donner une leçon salutaire, envoya contre l'une d'elles un détachement qui captura un millier de chameaux, deux mille brebis, et tua cent cinquante Arabes, sans avoir lui-même plus de deux hommes blessés. Néanmoins cette halte, pendant laquelle le général égyptien alla faire ses dévotions au tombeau du prophète, lui coûta près de quatre cents hommes enlevés par les maladies. Son père lui avait recommandé de ne pas entamer d'opérations sérieuses avant d'avoir reçu les renforts qu'il projetait de lui envoyer d'Égypte, et de s'être ménagé des appuis suffisants parmi les tribus arabes. Pour être plus à même d'exécuter ce double point de recommandation, Ibrahim porta son camp à Hennakiè, où il résolut de se fortifier et de passer la saison des chaleurs. Sa troupe était alors réduite à deux cents cavaliers turcs, deux cents cavaliers maugrebins (1) et neuf cents hommes d'infanterie, avec trois pièces de canon ; il fut peu après rejoint par quatre cents hommes d'excellents cavaliers, que commandait Ouzoune-Ali, officier de la plus haute distinction, et qui avaient été laissés en garnison à Médine par Toussoun-Pacha, lors du départ de ce dernier pour l'Égypte.

(1) On appelle dans l'Orient *maugrebins* les Arabes des États Barbaresques. Leur nom vient de *grab* qui signifie ouest. Ils sont très-répandus en Égypte et en Syrie, où ils viennent prendre du service dans les troupes entretenues par les pachas.

Abdâlla paraissait avoir adopté pour tactique
de défendre les placès, et de laisser aux Arabes
auxiliaires le soin de harceler sans cesse l'ennemi ;
mais ce plan devait être mis en défaut par les scis-
sions qui se manifestèrent chez ces alliés plus que
douteux. Irrités, pour la plupart, contre le prince
des Ouahabites, ils devaient suborbonner leur assistance à leur intérêt ; les uns, comme ceux de
la puissante tribu de Harb, se rangèrent tout d'a-
bord sous les étendards égyptiens ; les autres y furent amenés par la perte de leurs troupeaux, et
par les effets meurtriers du canon de l'ennemi.
Le 27 décembre, Ibrahim sortit de son camp retranché de Hennakiè avec dix-huit cents hommes
de cavalerie, munis de vivres pour vingt jours :
le cheik des Beni-Harb l'accompagnait avec cinq
cents cavaliers de sa tribu, et lui servait de guide.
Cette expédition, dirigée surtout contre les Bedouins qui errent entre Dériyè et la Mecque, n'eut
pas le résultat qu'on en attendait, parce que
ceux-ci, informés à temps, prirent la fuite en emmenant leur bétail. Dix-sept d'entre eux étant
tombés entre les mains d'Ibrahim, furent impitoyablement mis à mort : on rapporte même que
ce fut le général égyptien en personne qui les dépêcha à coups de sabre. La non-réussite de cette
incursion faillit avoir les conséquences les plus fatales pour l'armée turque, lors de son retour. Les

soldats ayant gaspillé l'eau et les vivres trouvés dans les tentes bedouines, éprouvèrent une disette complète ; les puits avaient été comblés sur leur passage, les bestiaux emmenés, et ils demeurèrent quelques jours absolument sans ressource. Fort heureusement, ils rencontrèrent des tribus qui, sur la foi des traités, n'avaient pas cru devoir témoigner de la même méfiance ; leurs dépouilles tirèrent les Turcs de ce mauvais pas, et leur permirent de faire quelque figure à leur rentrée au camp, un mois juste après leur départ.

Ibrahim trouva, en arrivant, la nouvelle de sa promotion au grade de pacha à trois queues ; il se vit donc obligé de se rendre à Médine pour y revêtir la pelisse et y faire lire le firman de son investiture.

A son retour à Hennakiè, des cheiks de tribus vinrent encore lui rendre hommage, et lui offrir leur assistance. Ibrahim les dirigea, avec ses propres troupes, contre une tribu qui persévérait dans son hostilité, celle des *Djebel-Tchamber*. Six cents cavaliers turcs se joignirent à mille cavaliers bedouins, et cinq mille chameliers. Dans l'engagement qui s'ensuivit, ces derniers furent placés en première ligne et poussés en avant par la cavalerie turque qui, derrière, et le sabre à la main, leur ôtait tout moyen de reculer. Le résultat de cette manœuvre fut, pour les Bedouins, une perte de deux cents tués, trois cents blessés et d'un grand nombre de chevaux et de chameaux, tandis que les Turcs n'eurent à regretter que cinq morts, et que le nombre de leurs blessés ne dépassa pas deux.

Malgré ces succès partiels, le général égyptien n'était pas en mesure de tenter des opérations décisives, et son inaction aurait donné beau jeu à tout autre chef qu'Abdâlla, qui eût possédé les mêmes ressources que lui; car le prince ouahabite pouvait mettre vingt mille hommes en ligne. Si cette masse condensée eût abordé résolûment le camp égyptien, pendant que Faïsal, le frère de l'émir, à la tête d'une force non moins considérable, se fût jeté sur Médine dégarni de troupes, et eût coupé les communications de la mer au camp, c'en était indubitablement fait d'Ibrahim et de son armée. Au lieu d'exécuter cette manœuvre hardie, Abdâlla se mit à inquiéter, à piller les tribus auxiliaires qui, rebelles à ses ordres, ne voulaient point se retirer sur El-Rass. Cette maladresse les fit se jeter dans les bras d'Ibrahim; elles vinrent lui demander aide et protection. Le pacha saisit avec empressement l'occasion de sortir de la fausse position que créaient l'imminence et l'opportunité de l'attaque ouahabite, et détacha à leur secours Ouzoune-Ali avec une partie de son armée et deux pièces de canon. Cette troupe vint occuper Maouïè, à quel-

que dix lieues en avant de Hennakiè, et proche
des puits de Nagek, où se tenait Abdàlla, avec
dix mille hommes. Le 2 mai 1817, ce dernier s'é-
branla et vint avec tous les siens donner contre la
position égyptienne. Ouzoune-Ali soutint solidement cette attaque furieuse, et parvint, par une
charge bien conduite, à jeter de la confusion
dans le corps des dromadaires. Abdàlla opposa sa
cavalerie à celle des Turcs, et la fit plier; lui-
même croyant le moment décisif, s'avança contre
le retranchement; mais l'artillerie ottomane commença à tracer de sanglants sillons dans les rangs
pressés des Ouahabites, et à la faveur de ce feu
meurtrier, les cavaliers d'Ouzoune reprirent leur
avantage. On se battit pendant deux heures avec
acharnement, et le courage des Turcs eût fini par
succomber sous le nombre, si les Arabes auxiliaires du côté d'Abdàlla n'eussent tout à coup làché
pied. L'émir fut lui-même obligé de suivre leur
mouvement de retraite, et rentra dans la position
de Nagek, laissant sur le champ de bataille trois
cents morts et deux cents prisonniers. Ouzoune-
Ali eut aussi trois cents hommes hors de combat;
mais, outre le gain de la journée, il lui restait aux
mains un butin considérable en chevaux, chameaux, provisions de bouche et munitions de
guerre.

Dans l'intervalle, le cheik de la tribu des Mon-

teïr, qui avait à reprocher à Abdâlla le meurtre
de son frère, avait fait dire à Ibrahim que s'il voulait se rendre à Maouiè, il se réunirait à lui contre
l'ennemi commun. Ibrahim, enchanté de cette
offre, partit et reçut en route la nouvelle de la
victoire d'Ouzoune-Ali; ce ne fut qu'une raison de
plus de presser sa marche : il arriva assez tôt pour
faire massacrer tous les prisonniers et augmenter
ainsi le nombre de paires d'oreilles qu'il se proposait d'expédier à son père. Le transport des
têtes de mort ayant éprouvé des difficultés, elles
avaient été remplacées par les oreilles.

Après ce succès, Ibrahim concentra ses troupes
à Maouiè; les renforts successifs qui étaient venus
d'Égypte, avaient porté son infanterie à quatre
mille hommes, celui de sa cavalerie à douze cents;
il possédait en outre huit pièces de canon, un obusier (1) et un mortier, avec cent hommes pour
leur service. Ces troupes n'étaient peut-être point
rigoureusement suffisantes pour achever la campagne, mais la victoire de Maouiè leur donna une
force morale considérable; les Arabes désertant le
camp d'Abdâlla, affluèrent à celui d'Ibrahim, avec
leurs chameaux et des provisions; de sorte que

(1) Cet obusier, laissé sans doute par les Français en
Égypte, lors de l'évacuation, portait sur la culasse cette
légende : *Fondu à l'arsenal de Paris, l'an II de la République.* LIBERTÉ, ÉGALITÉ.

le prince égyptien fut mis en état de faire traverser le désert à son armée et à son matériel. Le siége d'El-Rass fut résolu.

Abdàlla, que la désertion de ses alliés forçait de renoncer à ses projets, envoya à El-Rass deux cents hommes de renfort, et des munitions, et concentra ses forces en arrière de cette place, à Aneïzè.

Arrivé sous les murs d'El-Rass, Ibrahim annonça à ses troupes qu'il ne laisserait déployer les tentes et mettre pied à terre à la cavalerie que lorsque la ville aurait été emportée. Le *Topchibâchi* (1) fit donc mettre ses pièces en batterie à quatre-vingts pas du mur, et ouvrit son feu contre la plus forte des tours. Les troupes turques se trouvant à découvert et exposées à un feu très-violent de mousqueterie, perdirent dix fois plus de monde que les assiégés, qui déployèrent dans la défense un courage digne des plus grands éloges. Les femmes, pendant la nuit, éclairaient leurs défenseurs avec des torches faites de palmes de dattiers sèches enduites de résine. Après une canonnade de trois jours dirigée contre la tour et la courtine, la brèche fut reconnue praticable. Les assiégeants avaient préparé des fascines composées de branches de dattiers et un grand nombre de sacs remplis de paille destinés à combler le fossé.

(1) Mot turc qui signifie commandant de l'artillerie.

Ibrahim ordonna l'assaut, et six cents hommes d'infanterie d'élite descendirent dans ce fossé; mais ils ne purent escalader le mur, le nombre des fascines s'étant trouvé insuffisant. L'ennemi avait ouvert un feu meurtrier du haut du rempart, et le pacha, à la tête de sa garde, frappait tous les soldats qui, rebutés de l'inutilité de leurs efforts, abandonnaient l'attaque. L'infanterie éprouva des pertes considérables, et le pacha, furieux de les voir tomber par masses, fit défense d'enterrer les morts, — signe de mépris pour eux.

Le siége d'El-Rass dura trois mois et demi, et les Ouahabites y déployèrent plus de talents militaires qu'ils n'avaient jamais fait. Quatre cents charges de chameaux en cartouches et trente mille gargousses d'artillerie furent employées, mais en vain, pour réduire la ville. Les soldats turcs élevèrent des cavaliers en terre assez hauts, pour dominer par leur mousqueterie le feu de la place, et le canon fut poussé jusqu'au bord du fossé. Trois assauts sans succès coûtèrent aux assiégeants plus de trois mille morts, et les Osmanlis se virent réduits à une condition des plus désastreuses. A les entendre, la tenacité de la terre jaune, dont étaient formées les murailles, rendait sans effet leur artillerie; mais on peut leur reprocher leur négligence dans un pays si découvert, négligence qui permit aux assiégés de faire entrer, sans coup férir, deux convois considérables dans leurs murs. Enfin Ibrahim se vit forcé de lever le siége, après avoir fait, avec les Ouahabites, une espèce de traité, par lequel les Turcs durent cesser leurs attaques : ceux-ci n'entreraient point dans la ville, et les Ouahabites s'engageaient à leur fournir, à prix d'argent, des provisions. El-Rass promit de rester neutre jusqu'au moment où le sort d'Aneïzè serait décidé.

Il est bien évident que si le chef des Ouahabites eût pu prendre sur lui de seconder cette héroïque défense d'El-Rass, l'armée des Osmanlis tout entière y eût trouvé son tombeau. Mais la seule diversion qu'Abdâlla imagina de faire en faveur des assiégés, — le croira-t-on? — ce fut d'envoyer au quartier-général d'Ibrahim proposer la paix, sous condition que le siége serait levé. Ibrahim ne répondit qu'en sommant la ville de se rendre. Le cheik, parlementaire d'Abdâlla, ne put s'empêcher de faire remarquer au général égyptien, qu'après des efforts aussi longs et aussi inutiles, cette forfanterie était hors de saison. Quant au brave gouverneur de la place, Mohammed-Ebn-Mezrau, — son nom mérite d'être conservé, — sa réponse fut celle du Spartiate : « Viens la prendre! » Le siége continua sans plus de succès, et Abdâlla n'en prit texte qu'à de nouvelles négociations. Cette fois Ibrahim voulut bien leur prêter l'oreille; mais voici sur quelles bases il consentit à traiter : Abdâlla paierait les frais de la guerre et la solde arriérée des troupes; il donnerait trois mille chevaux, six mille dromadaires, des vivres à l'armée pour six mois, et deux de ses enfants en ôtage. Comme on voit, les parlementaires ouahabites étaient soumis à de dures épreuves : celui qui reçut ces dernières propositions ne pouvant maîtriser son indignation, répliqua à Ibrahim « qu'il se trompait sans doute, et croyait traiter avec un fellah d'Égypte, au lieu du souverain du Nedjd. » Néanmoins, ce qui empêcha Abdâlla d'accepter ces préliminaires, ce ne fut probablement pas leur insolente dureté, — à quoi n'eût-il pas consenti pour voir son territoire purgé des bandes égyptiennes! — mais l'impossibilité matérielle, en l'état où la guerre l'avait déjà réduit, d'y faire face. En vérité, tant de couardise et d'ineptie étonnent l'imagination, et enlèvent jusqu'au moindre soupçon d'intérêt pour le destin du descendant des Saoud. Il fallait que ce malheureux fût bien dominé par un funeste présage, ou que les armes turques exerçassent une bien grande fascination sur son esprit pour le faire ainsi flotter, à la tête de toutes ses forces, entre la supplication et la retraite. N'eut-il pas encore le courage d'applaudir à la convention qui subordonnait le sort d'El-Rass à celui d'Aneïzè? On va croire, du moins, que cette dernière ville, où il s'est tenu immobile spectateur de l'attaque furieuse des Turcs, il la défendra de pied ferme et en disputera les approches; mais point : à la nouvelle que les Turcs s'avancent, il se retire sur Boureïdè, au sud; et l'armée turque vient dresser ses tentes aux portes de la ville, à l'endroit même où se déployait le camp ouahabite, huit heures auparavant.

Dans le trajet, Ibrahim s'était emparé de Kabra, après quelques heures de canonnade. Aneïzè ne lui résista que cinq jours. Cette ville est la position la plus importante de Nedjd, et la plus considérable du district de Kassim; ses puits fournissent une eau abondante et saine. Dès les premiers jours du siége, la garnison fut privée de ses moyens de défense par l'explosion de son magasin à poudre, et capitula; il lui fut permis de se retirer avec armes et bagages à Boureïdè, mais elle n'y trouva plus Abdâlla; la nouvelle de la reddition d'Aneïzè l'y avait précédé, et le chef ouahabite avait reculé jusqu'à Chakra.

Ibrahim resta deux mois dans sa nouvelle conquête pour y attendre des renforts, et recevoir la soumission de toutes les tribus de la province de Kassim, puis il marcha sur Boureïdè qui n'opposa aucune résistance. Un des forts seulement fit mine de se défendre; il fut pris d'assaut, et les deux cents soldats qui l'occupaient furent passés au fil de l'épée. La marche d'Ibrahim sur Chakra eut pour effet de faire reculer Adbâlla jusqu'à Dériyé, sa capitale; mais là le terrain manquait à la fuite du Ouahabite, et il lui fallait s'y tenir, à moins d'aller jusqu'au golfe Persique noyer dans les flots sa terreur et sa souveraineté.

La première opération d'Ibrahim devant Chakra fut de raser les plantations de dattiers qui l'entouraient, ce qui engagea les habitants à séparer leurs intérêts de ceux de la garnison du fort : celle-ci finit par capituler et obtint la faculté de se retirer où bon lui semblerait, mais elle dut livrer ses armes et ses bagages. Tous les prisonniers furent décapités sans distinction, et leurs oreilles envoyées en Égypte. Chakra s'était rendu le 22 janvier 1818. Ibrahim s'y établit solidement pour passer l'hiver et recevoir les renforts, que nul obstacle n'arrêtait plus sur leur route, et qui venaient de la mer à son camp, comme s'ils eussent accompli une promenade militaire.

En attendant, Ibrahim jugea à propos de s'emparer de Dorama, ville florissante, et dont on lui avait vanté les richesses. Elle était peuplée de laboureurs qui nourrissaient de l'excédant de leurs produits Dériyé et les caravanes persannes qui se rendaient à la Mecque. Ces gens redoutèrent qu'à l'exemple de ce qui avait été fait ailleurs, on ne

détruisît leurs plantations : ils se mirent sur la
défensive, tuèrent pas mal de Turcs, et les repoussèrent d'abord ; mais ceux-ci retournèrent à
l'assaut, et emportèrent la place. Les soldats de
la garnison qui avaient échappé au sabre du vainqueur, déposèrent les armes et purent se retirer.
Les habitants ne furent pas aussi heureux ; le pacha, furieux de cette résistance, à laquelle il ne
s'était point attendu, en ordonna le massacre : il
dura sept jours, et chaque paire d'oreilles fut,
comme de coutume, payée au soldat la somme de
cinq thalers (15 fr.). Rassasié de vengeance, Ibrahim permit à quelques centaines de femmes et
d'enfants, seuls restes de cette florissante population, de rester au milieu de leur patrie, après avoir
été l'objet de la brutalité des soldats.

Ce nouveau succès d'Ibrahim était obtenu avant
le 1er février 1818. A cette époque il s'opéra un
grand refroidissement dans la température, et des
pluies torrentielles détrempèrent le sol. L'armée
fut condamnée à l'inaction pendant quelque temps ;
mais au retour du beau temps, qui concorda avec
l'arrivée de renforts considérables, Ibrahim fit ses
dispositions pour marcher sur Dériyé. Voici le relevé des troupes qui se trouvèrent alors réunies
sous ses ordres : mille neuf cents hommes de cavalerie, quatre mille trois cents fantassins turcs
et arnaoutes, mille trois cents fantassins barba-

resques, cinq pièces de douze, dont quatre de fabrique turque, une caronade suédoise, deux mortiers et un obusier; son corps d'artillerie comptait cent cinquante canonniers, et celui du génie deux cents pionniers, vingt-un artificiers et onze mineurs.

Deriyè, capitale du Nedjd, était située dans l'est de la péninsule, sur le même parallèle à peu près que Médine, à l'extrémité d'une vallée longue et étroite, circonscrite par des montagnes à pic. Avant sa catastrophe, cette ville avait pour défense une enceinte, des forts et des tours; le gros de la ville s'élevait sur un tertre, dont le peu de largeur avait forcé les habitants à resserrer leurs maisons; d'un côté une ravine profonde lui formait une fortification naturelle, et dans la partie occidentale les tours se liaient pas des courtines. L'Ouest de la ville, qui avait nom *Tarifa*, était séparé de la partie Est, appelée *Selle*, par la ravine principale.

Cette ravine sert de lit à un ruisseau connu sous l'appellation générique d'*El Baten*, mais dont le nom véritable est *Ouadi-Hanéïfè*, le mêmè que celui de la vallée; il conserve ses eaux durant une partie de l'année, et les pluies d'hiver augmentent de beaucoup son volume.

Les environs de Dériyé étaient couverts d'immenses plantations de dattiers dont les fruits se faisaient remarquer par leur beauté. Les abricots, les figues, les raisins, les grenades, les citrons et d'autres fruits encore paraient ses jardins : mais Ibrahim avait résolu de faire un désert de Dériyé, et ses environs ont partagé son sort; tout a disparu.

Avant la conquête des Osmalis, Dériyé comptait treize mille habitants, répartis entre deux mille cinq cents maisons bâties en pierres et en briques; mais on n'y voyait ni bains ni cafés; vingt-huit mosquées et trente *médressés* ou colléges formaient ses établissements publics.

La première attaque de l'armée égyptienne fut dirigée contre Fazal, village qui se compose de maisons entremêlées de plantations, et l'un des faubourgs de Dériyé : un mur flanqué de tours en formait l'enceinte. La défense dura sept jours, puis la garnison l'abandonna pour se retirer dans le corps de la place. Cette perte fit une fâcheuse impression sur l'armée des Ouahabites, dont plusieurs passèrent dans les rangs des Turcs.

Le siége de Dériyé ne dura pas moins de sept mois; une explosion du parc d'Ibrahim ayant détruit les munitions, l'armée turque resta soixante jours sans pouvoir faire usage de son artillerie; elle courut alors les plus grands dangers, et ne connut pas les derniers désastres, grâce à l'énergie de son chef, grâce surtout à l'impéritie d'Abdâlla qui ne sut pas, dans ces circonstances, appuyer énergiquement les tentatives de soulèvement des villages sur les derrières de l'ennemi. Pour les comprimer, Ibrahim se vit obligé de faire de si grands détachements, qu'il ne lui resta plus assez de troupes pour maintenir l'investissement complet de la place. Dans cette position, le pacha se détermina à tenter un assaut : le faubourg appelé Tarifa fut le point principal de l'attaque. La fortune des Turcs voulut que les habitants, appréhendant une attaque contre le quartier opposé, nommé Selle, y eussent réuni tous leurs moyens de défense. Cette imprudence livra Tarifa presque sans coup férir aux Osmanlis. Cette perte n'empêcha point cependant Selle de résister pendant trois jours; mais la supériorité numérique des assiégeants leur permit enfin d'enlever ce dernier réduit. Abdâlla se retira avec deux cents soldats dans la citadelle, et fit mine de vouloir s'y défendre; mais, après un bombardement de trois jours, il demanda à entamer des négociations. Une entrevue eut lieu entre les deux chefs; le prince ouahabite y montra tant d'humilité, que l'orgueil même du pacha en fut embarrassé, et qu'il retira précipitamment sa main qu'Abdâlla voulait baiser en signe de soumission. Les conditions proposées par ce dernier furent celles-ci : les troupes qui étaient demeurées fidèles, ses frères et sa famille devaient avoir la vie sauve ; la ville ne serait point rasée et un sauf-conduit devait lui être accordé pour sa personne. Le pacha ne consentit à un pardon qu'en faveur des troupes, des frères d'Abdâlla et de la famille de ces derniers. Il refusa de prendre aucun engagement quant à la ville, et la vie sauve ne fut garantie à Abdâlla que jusqu'à son arrivée au Caire. Forcé de souscrire à ces conditions, le 4 septembre 1818, le chef ouahabite se remit entre les mains du pacha, et fut immédiatement dirigé sur l'Égypte.

La destruction complète de Dériyé avait été résolue dans les conseils du sultan ; mais le général turc se garda bien de faire connaître ce projet secret, avant d'avoir extorqué le plus d'argent possible des habitants, à titre de rançon pour leurs personnes et pour leurs biens. Lorsqu'il se fut assuré de l'épuisement de leurs ressources, et que ses troupes furent gorgées de butin, il ordonna la destruction de la capitale du Nedjd. Tous les bois de la ville devinrent la proie des flammes, et les arbres des jardins, ainsi que les plantations, disparurent.

Ibrahim demeura campé sur les ruines de Dériyé, jusque vers le milieu de l'année 1819 ; tout le pays d'alentour fit sa soumission, et la domination turque s'étendit jusqu'au rivage du golfe Persique. Toutefois, le fils de Méhémet-Ali reconnut bientôt les inconvénients de la dissémination de ses troupes dans un pays qui n'offrait, dans sa plus grande étendue, qu'une vaste solitude, et l'impossibilité de protéger l'arrivée de ses convois. Le soulèvement de plusieurs tribus bedouines tenait la majeure partie de ses troupes incessamment occupée à repousser les attaques de ces hordes, et à les poursuivre dans le désert où il était très-difficile de les atteindre. Il se convainquit en outre que les revenus du pays ne pouvaient suffire à la solde d'une armée assez nombreuse pour conserver la possession du pays, et qu'enfin rien ne lui garantissait la fidélité des Arabes; il se détermina, en conséquence, à évacuer la partie orientale de l'Arabie, et à borner son occupation aux districts occidentaux, où des renforts en personnel et en matériel pouvaient lui parvenir plus facilement. Tous les détachements reçurent donc l'ordre de rejoindre, ainsi que les garnisons; les troupes se concentrèrent à l'Est d'El-Rass, et pour ôter aux Arabes de cette partie du pays tout espoir de remonter au faîte de la puissance que les armes venaient d'abattre, Ibrahim rasa les murs de tous les villages, enleva tous les troupeaux, et répandit sur la contrée entière la dévastation et la ruine. Sans doute les considérations d'humanité furent foulées aux pieds dans cette exécution impitoyable ; mais, considérée politiquement, la position d'Ibrahim était celle-ci : ou occuper militairement le pays par de puissantes garnisons, comme l'ont fait plus tard les Français à Alger, ou le ruiner entièrement, puis se retirer. Le peu de troupes qu'il avait à sa disposition ne lui permettait pas de prendre le premier parti ; et une fois son mouvement de retraite opéré, rien n'aurait empêché l'ennemi de se remontrer en force ; ses succès se trouvaient compromis, sinon sans résultat : il dévasta le Nedjd. L'événement a prouvé qu'il avait bien fait.

Mais, arrivée dans l'Hedjaz, l'armée turque avait trop souffert, durant cette rude campagne, pour pouvoir convenablement s'y refaire ; par ce motif, et suivant l'avis conforme de son père, Ibrahim se décida, peu de temps après, à évacuer cette province ; il fit diriger la cavalerie par la voie de terre ; l'infanterie, l'artillerie et les bagages, furent embarqués pour Cosseir ; lui-même ensuite fit voile pour ce port, accompagné de son séligdar. Il débarqua à Gizè le 9 décembre 1819. Il y eut, à cette occasion, sept jours de réjouissances publiques.

XXVIII

L'infortuné Abdâlla était arrivé au Caire une année auparavant, le 17 novembre 1818. L'humilité de sa contenance ne se démentit point, et Méhémet-Ali, persuadé dans son for intérieur que rien ne pouvait faire fléchir la rigueur que la Porte se promettait de déployer à l'endroit du chef déchu des Ouahabites, mit tous ses soins à l'acueillir avec douceur, et à lui dissimuler le sort qui l'attendait. Dès le surlendemain, Abdâlla était confié aux mains d'une troupe de Tartares, venue exprès de Constantinople pour lui servir d'escorte. Méhémet-Ali avait en effet demandé sa grâce au Divan; mais ce gouvernement était talonné par les instincts d'une populace fanatique, à qui cette proie était annoncée d'avance, et d'ailleurs les occasions de triomphe fournies à la politique ottomane étaient trop rares depuis assez longtemps pour qu'elle ne profitât pas avidement de celle-là. Abdâlla fut promené pendant trois jours dans les rues de Constantinople, comme un objet de curiosité, puis exécuté sur la place Sainte-

Sophie, avec deux de ses compagnons d'infortune.
Ainsi périt le dernier des princes Ouahabites, et
avec lui s'éteignit la prospérité de cette secte,
qui fit tant de bruit pendant près d'un siècle.

XXIX

L'expérience avait fait perdre pour longtemps
à Méhémet-Ali l'envie de s'éloigner de son gouvernement; toute son habileté, d'ailleurs, fut à
peine suffisante pour parer aux exigences de la
situation. L'argent est, dans les Etats islamiques,
le topique à toutes les plaies; il en avait fallu beaucoup pour étouffer la révolte des Albanais, et
cette source de dépenses s'ajoutant à celle qui
naissait de la guerre d'Arabie, le trésor public se
trouvait fortement obéré. Les traitants coptes furent encore les premiers à être inquiétés pour ce
motif; on arrêta leur intendant général, Malem-
Gàli, avec son frère, et on leur demanda compte
d'un débet de 6,000 bourses. Jusque-là rien qui ne
fût conforme aux traditions gouvernementales des
Turcs. Mais les Coptes avaient, dans leurs coreli-

gionnaires schismatiques, leurs plus grands ennemis, parce qu'ils étaient leurs rivaux financièrement
parlant ; ceux-ci allèrent trouver en secret le
kiaya-bey, et lui dirent que s'ils étaient chargés
du soin de faire rendre ses comptes à Malem-Gâli,
ils se faisaient fort de trouver un déficit de 30,000
bourses, s'offrant au besoin à garantir de leurs
propres deniers cette somme au gouvernement.
Le kiaya fut émerveillé de la proposition. Ce
kiaya-bey, qui avait nom Mahmoud, si le lecteur
s'en souvient, était un homme à ressources ; pendant l'absence de Méhémet-Ali, il imagina quelques ingénieux expédients : en voici un que nous
avons omis en son temps. Il s'était trouvé, un
beau jour, sous le coup d'une demande de 7,000
hommes et d'autant de bourses. L'argent se
trouva facilement ; il n'en fut pas de même des
hommes : on dut aller les recruter jusque parmi
les manœuvres et les portefaix ; encore n'y serait-
on pas arrivé, si Hagag-el-Kodari, ce bourgeois du
Caire sur le sort duquel nous avons anticipé, en
disant comme quoi Méhémet-Ali le fit pendre, ne
fût venu proposer au kiaya-bey de lever cinq cents
hommes dans les faubourgs, moyennant qu'on
payât ses dettes. Le kiaya promit, et s'en tira facilement : il se fit remettre par les créanciers les
titres des créances, et les déchira en leur présence, leur déclarant que Hagag était en faillite,

et que le gouvernement était obligé de lui fournir des moyens d'existence.

Dans cette nouvelle conjoncture, Mahmoud-Bey ne se piqua pas de plus de scrupules, et en homme d'exécution qu'il était, il se hâta de faire revêtir les délateurs de pelisses d'honneur, et bâtonner les délinquants. Le kaznadar de Malem-Gâli fut enveloppé dans cette affaire ; et même, comme on le savait nanti de la clef de la caisse, qu'on supposait bien garnie, la dose de bâton fut outrepassée à son endroit, si bien qu'il en mourut. Sa succession, échue au gouvernement, ne justifia pas les espérances qu'elle avait fait concevoir ; elle se monta à peine à 30,000 francs. Le kiaya-bey retint dès-lors Malem-Gâli en prison, mais laissa à son frère toute liberté d'action pour recueillir de l'argent. Ce dernier, après les plus grands efforts, en faisant flèche de tout bois, en mettant à contribution le ban et l'arrière-ban des affidés, ne parvint à verser successivement dans les coffres du gouvernement qu'une somme de 10,000 bourses. Mais alors tous ses créanciers prirent au sort de Gâli le plus vif intérêt, et sollicitèrent instamment sa grâce ; M. Botzari, le médecin du vice-roi, s'en mêla, et parvint à faire réduire sa rançon à 14,000 bourses. Le curieux de l'affaire, c'est que Malem-Gâli fut réintégré dans son poste et priviléges, que les Coptes schismatiques se trouvèrent dans l'obligation de parfaire la somme, et qu'ils n'eurent, à titre de dédommagement, qu'un petit nombre d'emplois secondaires.

Cette aubaine ajoutée aux contributions ordinaires, permit d'achever l'année 1815; mais l'année 1816 se présenta avec un surcroît de besoins créé par la campagne d'Ibrahim. Les finances de Méhémet-Ali n'eussent peut-être pas suffi à ces nouvelles charges, si une disette ne se fût, à cette époque, déclarée dans le midi de l'Europe. Le vice-roi sut habilement profiter de cette circonstance; il fit transporter à Alexandrie et à Rosette d'énormes quantités de céréales, en vendit la majeure partie à bon prix, et en expédia pour son propre compte dans les ports de la Méditerranée. Ce succès acheva de convertir le Rouméliote au principe du monopole commercial.

XXX

Une douloureuse épreuve était venue frapper Méhémet-Ali au milieu de ses triomphes, comme pour lui rappeler sa condition humaine, au moment

où sa fortune prenait une allure tout à fait prédesti-
née. Toussoun-Pacha, son fils de prédilection, mourut inopinément quelque temps après son retour
d'Arabie. Ce prince avait été nommé commandant
en chef de toutes les troupes campées sur la branche
de Rosette ; établi à Berambal, à quelques lieues
de la mer, il goûtait dans les énervantes jouissances du sérail, des plaisirs d'autant plus vifs et
plus pernicieux, que l'activité de la guerre en
Arabie l'en avait forcément écarté pendant deux
années Un matin, au sortir des bras d'une nouvelle esclave géorgienne, achetée depuis la veille
seulement, il fut atteint d'un violent mal de
tête, et d'un malaise qui prit rapidement un caractère dangereux. Son médecin se trouvait absent,
et tous les secours qui lui furent prodigués restèrent sans effet : dix heures plus tard il expirait
dans le délire et dans les convulsions. Ces symp-
tômes sont trop positivement ceux de la peste
pour qu'on ait jamais pu concevoir des doutes
sérieux sur le genre de mort de Toussoun-Pacha.
On supposa que l'esclave qui arrivait de Constantinople la lui avait communiquée ; cependant il
est avéré que cette esclave n'en mourut point.

On fut bien en peine de savoir comment annoncer cette terrible nouvelle à Méhémet-Ali. Quand la
barque qui transportait le corps du prince fut
rendue à Choubra, le vice-roi se trouvait à Gizè.

Le frère du kiaya-bey alla le prévenir que son fils Toussoun était arrivé bien malade. Aussitôt Méhémet-Ali monta à bord d'une cange pour venir le voir : mais on avait déjà transporté le corps à Boulac. Personne n'osant prendre sur soi de dire le mot fatal, ce fut au kiaya-bey que revint cette tâche cruelle. Il entra brusquement dans l'appartement où se trouvait le vice-roi, il se précipita à ses pieds en prononçant quelques paroles entrecoupées : c'en fut assez pour faire tout comprendre à ce malheureux père. Sa douleur fut haute et violente comme le coup qui le frappait ; il se jeta la face contre terre, en sanglotant, demandant son fils à grands cris. On le releva, et les officiers l'aidèrent à descendre dans sa cange, qui fit voile pour Boulac. Le cadi, les cheiks, les principaux de la ville, les chefs de l'armée avaient déjà reçu l'ordre de s'y rendre : ils accompagnèrent tous le corps jusqu'à l'Imam Chafeï, lieu ordinaire de la sépulture des princes. Le père suivait à pied les restes de son fils. Il fallait la dissolvante action d'une pareille douleur pour amollir cette trempe énergique. Cette circonstance fut une des rares de sa vie où Méhémet-Ali s'abandonna à des sentiments tout à fait charitables ; il répandit d'abondantes aumônes, et le bienfait de sa clémence s'étendit sur quelques coupables.

La mort de Toussoun ne fut pas seulement

un deuil privé pour lui, elle l'atteignit profondément dans ses espérances dynastiques et
d'outre-tombe. Nous avons dit que Méhémet-Ali
avait les entrailles paternelles; mais il chérissait
tout particulièrement ce jeune homme, en qui il
voyait revivre ses propres qualités sous une
forme gracieuse et avenante. Cette préférence
n'était un mystère pour personne, et si déjà on ne
doutait point que le Roumeliote n'eût la puissance
ou l'adresse d'assurer à sa race l'hérédité de son
fief, on croyait aussi assez généralement qu'il in-
vertirait, en faveur de Toussoun, l'ordre de primo-
géniture. Cette supposition avait créé une sourde
rivalité entre les deux frères, Ibrahim et Toussoun;
chez le premier, beaucoup plus accessible aux sentiments jaloux, et dont cette préférence lésait les
droits naturels, l'animadversion s'était envenimée
encore par l'éclat et la renommée que son frère
avaient acquis en Arabie, et il brûlait d'étouffer ces lauriers prématurés sous les siens. La mal-
veillance ne manqua pas de s'emparer de cette
circonstance, rapprochée de la singularité et de
la promptitude de la mort de Toussoun, pour en
tirer des inductions accusatrices contre l'aîné des
princes égyptiens; mais la timidité même de ces
calomnies en a fait justice. Quant à Ibrahim, la
façon dont il accueillit la nouvelle fatale donna un
nouvel aliment à ces rumeurs : elle aurait dû au

contraire les faire tomber; car il ne put comprimer sa joie secrète que jusqu'au point de lui donner l'aspect de l'indifférence. S'il eût été coupable,
il serait certainement parvenu à exprimer la douleur.

XXXI

Les Albanais n'avaient pas cessé de préoccuper
Méhémet-Ali. Après l'échauffourée causée par la
promulgation du Nizam-Djédid, il mit tout en
œuvre pour paralyser l'influence frondeuse des
chefs et la turbulence des soldats; ses cajoleries
et ses libéralités eurent assez bon marché des
premiers; mais rien n'égalait la brutalité et l'arro-
gance des mercenaires, depuis qu'ils croyaient avoir
fait capituler les projets du pacha. Au commencement de l'année 1816, un meurtre odieux vint
jeter la consternation dans toute la ville. L'épouse
et les deux filles de M. Bokty, consul-général de
Suède, se rendant au bain avant l'heure de midi,
passaient devant un café, où plusieurs soldats
bosniaques, assis à la porte suivant la coutume
d'Orient, étaient à fumer et à discourir; tout à

coup l'un d'eux, ivre et furibond, se lève et, sans aucun propos, vient décharger à bout portant son pistolet sur l'aînée des deux sœurs, que précédait le janissaire du consulat. La balle lui traversa le ventre et perça la manche de la robe de sa sœur. L'infortunée tomba, se releva d'elle-même, mais pour retomber aussitôt dans les bras d'un domestique copte, qui la transporta à la maison paternelle. Le foie avait été atteint, la blessure était mortelle; malgré des soins empressés, la malheureuse fille rendit l'âme vers minuit, au milieu des pleurs et de la désolation de sa famille. Jusqu'au dernier moment, elle montra une résignation héroïque : « Vous voyez, dit-elle à un officier français, qui se trouvait près de son lit de douleur, que ce ne sont pas les militaires seuls qui meurent sur les champs de bataille. » L'assassin avait été arrêté par le janissaire qui, dans la lutte, lui cassa sur la tête la crosse de son pistolet. On l'amena devant le kiaya-bey. Interrogé sur les motifs qui l'avaient poussé à ce crime, il répondit qu'il n'avait voulu que faire peur à la victime. On lui appliqua cinq cents coups de courbache sur la plante des pieds, et quand le vice-roi apprit que la fille de M. Bokty était morte, il ordonna qu'on lui tranchât la tête, ce qui fut exécuté sur-le-champ.

Ce fait et beaucoup d'autres convainquirent

Méhémet-Ali, que tant que cette soldatesque
aurait pour résidence une grande ville comme
le Caire, où leur contact avec les citadins ame-
nait des disputes et des représailles continuelles,
il serait impossible de les ranger sous aucune loi
disciplinaire; c'est pourquoi il ordonna la formation de plusieurs camps dans la Basse-Egypte.
Cette violence aux habitudes des Albanais, ces
entraves à leur licence, purent s'accomplir,
grâce à la popularité de Toussoun, qu'ils étaient
fiers d'avoir à leur tête, grâce surtout aux captations exercées sur les chefs.

Toutefois, cette mesure n'était pas une garantie
suffisante pour l'avenir. Le Nedjd soumis, Dériyé
détruit, le vice-roi allait de nouveau avoir une
armée d'Albanais sur les bras, et, qui pis était,
une armée victorieuse. Il y avait bien songé pendant la durée de cette dernière campagne, et,
raisonnant dans l'hypothèse du succès, il s'était
demandé quel emploi il donnerait à ces troupes
oisives. Ce fut à ce principal motif que se ratta-
chèrent ses idées de conquête dans le sud de
l'Égypte. Elles étaient encore fortifiées par d'autres raisons. A titre d'implacables et de plus anciens ennemis, les mamelouks, malgré leur complète déconfiture, ne laissaient pas d'inquiéter le
Rouméliote; leurs débris, chassés d'Ibrim, s'é-
taient retirés dans le Dongola, dont ils avaient tué

ou réduit les souverains ; et comme là, ils s'esti-
maient hors des atteintes de Méhémet-Ali, ils n'a-
vaient pas perdu tout espoir d'un retour offensif; ils
s'illusionnaient sur les sentiments qu'ils avaient
laissés dans la population égyptienne, et épiaient
l'occasion d'un revers ou d'une faute de leur ennemi, pour pousser devant eux les hordes nubiennes dans la vallée du Nil. Il fallait même toute l'autorité et la prudence des deux seuls chefs qui leur
restassent, Ibrahim et Osman-Bey-Hassan, pour
les empêcher de tenter étourdiment la fortune des
combats. Mais ces deux chefs leur furent coup sur
coup eulevés. Osman mourut au momen où se préparait l'expédition contre les Ouahabites. En faisant annoncer cet événement à Méhémet-Ali, les
mamelouks sondèrent les dispositions du vice-roi
au sujet de leur rentrée en Egypte. Méhémet-Ali
accueillit très-bien leur envoyé, lui fit donner cinq
bourses, et lui notifia les conditions suivantes, qu'il
mettait au retour des beys, — étant bien stipulé
que s'ils manquaient à une seule, il agirait à
leur égard tout comme il avait fait avec les
autres :

« Les mamelouks ne pourront sortir du lieu
qu'ils occupent actuellement, sans en prévenir le
vice-roi, qui enverra quelqu'un de son choix, pour
diriger leur marche.

« Une fois entrés sur le territoire égyptien, ils

ne prendront rien de leur autorité privée, pas même une poule. Celui qui sera chargé de les accompagner leur fournira tout ce qui leur sera nécessaire en vivres et en fourrages.

« Ils n'auront point la faculté d'habiter aucun lieu séparément; ils se rendront au Caire, où il leur sera donné des logements et un traitement convenables.

« Tel d'entre eux, qui tient encore des gens à sa suite, devra s'employer au service du vice-roi; ceux à qui l'âge ou les infirmités ne permettraient point de se rendre utiles, jouiront paisiblement de leurs pensions.

« Ils ne pourront non plus rien revendiquer de ce qui, autrefois, leur avait appartenu. »

Comme on le pense bien, les mamelouks préférèrent encore la vie agreste et indépendante qu'ils menaient dans leur exil, à la dure sujétion qui leur était offerte, et ne donnèrent pas suite à leurs propositions. Ce fut dans ces entrefaites que le vieil Ibrahim termina sa longue carrière. Les mamelouks, privés désormais du plus prudent de leurs conseils, recommencèrent à s'agiter, et le Rouméliote ne les perdit pas de vue un seul instant.

L'expédition de Nubie promettait encore bien d'autres avantages; la voix publique rapportait merveille des richesses minérales de ces contrées; on parlait, comme d'une chose certaine, des mines d'or et de diamants du Sennâr; les échantillons apportés par les caravanes, quoique en petite quantité, et composés exclusivement de sables aurifères d'alluvion, contribuaient à entretenir la crédulité générale, et l'existence des montagnes d'or du Fazoglô était un fait admis sans conteste. Enfin, la réunion de ce vaste pays à son domaine, loin d'être improfitable ou onéreuse au vice-roi, mettrait sous le joug une population forte, nombreuse, active, à l'aide de laquelle il pourrait combler les vides faits dans la vallée du Nil par les dernières calamités, et, sans doute aussi, remplir les cadres d'une armée disciplinée à sa fantaisie.

Dès l'instant que Méhémet-Ali eut pesé tous ces motifs, la Haute et la Basse-Nubie furent marquées comme faisant partie du pachalik égyptien, et le Sennâr comme devant recevoir, dans un avenir prochain, la même destination.

XXXII

Dès le mois de juin 1820, l'armée se trouvait

campée pour ce dessein entre le vieux Caire et Déreltine; elle était composée de trois mille quatre cents hommes d'infanterie, quinze cents chevaux, non compris cinq cents Arabes Ababdè, au chef desquels fut conféré par avance le gouvernement de Dongola; son artillerie était de douze bouches à feu. Ismaïl, le troisième fils de Méhémet-Ali, en eut le commandement. Ce jeune prince, qui faisait là ses premières armes, formait un contraste bien tranché avec son frère Toussoun; sa laideur était repoussante, et son caractère aussi disgracieux que sa personne. Mais les populations qu'il allait avoir à soumettre étaient loin d'être aussi nombreuses et aussi aguerries que les habitants du Nedjd; c'étaient encore d'intrépides cavaliers, montés sur des dromadaires ou des chevaux nubiens, également vifs et infatigables; mais les armes à feu leur étaient à peu près inconnues, il n'y avait que les chefs qui possédassent de mauvais fusils à mèche; les soldats s'armaient d'un bouclier de peau d'hippopotame, et maniaient avec adresse un long sabre droit à deux tranchants, nommé *Djellabé*, dont le fourreau est en cuir, et la poignée en bois; la plupart portaient en outre une lance à fer plat, découpé en scie.

Rien n'était plus injustifiable que l'agression à laquelle ces pauvres gens allaient se trouver en

butte ; ils étaient tous très-ignorants, mais très-
orthodoxes musulmans ; aussi adjoignit-on à l'armée trois ulémas, trois pieux docteurs, moins
pour remplir un office religieux que pour ajuster
les faits et gestes de l'armée envahissante à un
droit des gens qu'on leur laissait toute latitude
de développer. Pour cette haute fonction hiéra-
tique, chacun reçut 15 bourses de gratification
et un habit, moyennant quoi ils auraient prouvé
que l'expédition avait été prédite par tous les prophètes, et que c'était la chose la plus agréable aux
yeux de Mahomet.

Tout étant prêt, l'infanterie s'embarqua avec
les bagages sur trois mille barques, qui remon-
tèrent le Nil ; la cavalerie suivit les bords du
fleuve jusqu'à Syène, assigné comme point de ralliement. Ismaïl partit quelques jours après, le
20 juillet, avec les personnes de sa suite. Une reconnaissance avait été préalablement poussée par
le defterdar Mohamed-Bey, le gendre du vice-
roi, jusqu'à la frontière de Dongola. Les mamelouks, qui campaient dans le voisinage de cette
ville, n'attendirent pas les cavaliers égyptiens et se
retirèrent à Chendy. Vingt-cinq d'entre eux vinrent faire leur soumission : on les envoya au Caire,
vêtus de chemises blanches, pour toucher la miséricorde de Méhémet-Ali. Celui-ci répondit qu'il
l'accorderait à tous, excepté à Mohammed-Bey-

Manfouk, et à Adderhaman-Bey, leurs chefs depuis la mort du vieil Ibrahim. Obligés de se réfugier dans des déserts affreux, pour ne pas tomber aux mains des soldats de Méhémet-Ali, les malheureux beys périrent presque tous de misère, ou furent assassinés par les naturels du pays.

Nous n'entrerons dans aucun détail circonstancié sur cette guerre, qui n'eut rien de particulier que les abominables massacres dont elle fut remplie. Dans cette tourbe d'infortunés, vivant dans un état presque sauvage, la seule peuplade capable d'opposer quelque résistance aux forces égyptiennes, était celle des *chakïè*, d'origine étrangère, mais établie en Nubie depuis un temps immémorial, s'il faut en croire l'historien arabe Abdalla-Ben-Ahmed; cette tribu, par le nombre et le caractère belliqueux de ses cavaliers, était devenue la terreur des populations voisines, et vu la dure sujétion où elle les tenait, elle pouvait être considérée comme maîtresse de tout le pays. Ismaïl-Pacha, parvenu au delà de Dongola, se trouva en présence de trente mille de ces guerriers, la plupart à cheval ou à dromadaire. Ils firent preuve d'un héroïque courage pour défendre leur liberté; plusieurs femmes furent blessées, combattant en première ligne. Ces pauvres gens étaient si ignorants de l'usage de l'artillerie, qu'ils cherchaient à sabrer les canons qui vomissaient la mort parmi eux. Ils furent complétement battus en deux rencontres, et plusieurs milliers de paires d'oreilles, entassées dans des sacs, vinrent certifier à Méhémet-Ali que l'œuvre de la conquête se consommait. Leur chef, Chaouich, fit sa soumission à l'armée égyptienne, et sollicita la faveur, qui lui fut accordée, de combattre dans ses rangs.

Cette double victoire ouvrit à Ismaïl l'accès de tout le pays jusqu'à Sennâr, dont le roi vint en personne lui rendre hommage. Ce fut à partir de là que commença l'exécution d'un point essentiel dans les ordres du vice-roi, à savoir la chasse aux nègres Chankallas et Burouns, de part et d'autre du Nil-Bleu. Dès le début les chasseurs ne purent s'emparer que d'une population invalide, composée de femmes et de vieillards, qu'Ismaïl fit relâcher, dans l'espérance que cette mansuétude ramènerait les adultes mâles, les seuls utilisables pour les projets de Méhémet-Ali ; mais bien peu s'y laissèrent prendre, et le sort qui échut à ceux-ci firent persister les autres dans leur fuite ou dans leur résistance. Dès lors, le jeune pacha eut soin de faire massacrer tout ce qui n'était pas d'une réelle valeur. Cette odieuse traite n'a pas cessé, depuis cette époque, d'entrer pour une portion importante dans les revenus du vice-roi d'Egypte, et la dépopulation a toujours été en grandissant dans cette région de la Nubie.

Mais si la résistance des naturels fit endurer peu de pertes à l'armée envahissante, le climat se chargea de les venger, et, la disette aidant, en moins d'un mois, Ismaïl se vit à la tête tout au plus de six cents hommes en état de porter les armes. Un profond découragement s'empara de tout le monde, et des bruits sinistres circulèrent sur le sort des garnisons laissées en arrière; car aucune communication n'était parvenue d'Egypte depuis fort longtemps. Si cette situation se fût prolongée quelques jours encore, la colère des opprimés aurait eu raison de ce débris d'armée; mais le 19 septembre 1821, parut un courrier annonçant l'arrivée d'Ibrahim-Pacha, et, en effet, le vainqueur des Ouahabites suivit de près cette nouvelle.

Méhémet-Ali attachait tant de prix à la réalisation de ses vues en Nubie, que six mois après le départ d'Ismaïl, il avait expédié, pour la même destination, un corps de troupes plus considérable encore, quatre mille soldats dont huit cents maugrebins et bedouins. La direction supérieure de ces troupes avait été donnée à Ibrahim-Pacha; mais le commandement direct de trois mille d'entre eux, avec dix pièces de canon, échut au defterdâr Mohammed-Bey, chargé de soumettre le Kordofan, à l'ouest du Nil-Blanc.

Ibrahim, après avoir opéré sa jonction avec son frère, à Sennâr, combina avec lui un double mouvement, qui devait achever l'envahissement des contrées méridionales. Ismaïl remonterait le Nil-Bleu jusqu'à la hauteur de Fazôglo, endroit présumé des plus grandes richesses minérales, et retournerait par les montagnes de l'ouest, pour visiter les mines d'or de Kamamil; il rejoindrait là Ibrahim, qui se serait parallèlement dirigé à l'ouest, vers la province de Dinka, sur le fleuve Blanc. Le couple fraternel, d'accord avec les vues de leur père, s'était promis, dans cette campagne, une ample moisson d'esclaves : quarante mille têtes ne leur paraissaient pas au-dessus de leurs espérances. Ils divisèrent leur armée en trois portions égales, dont l'une, la moins valide, resta en garnison à Sennâr, et chacun d'eux se mit en marche avec environ quinze cents hommes.

Ce plan ne reçut de démenti que par le fait du climat et des obstacles naturels. Ismaïl seul parvint au but de sa course, quoique les nègres du Fazôglo lui eussent opposé une vigoureuse résistance. Le chef égyptien promettait une piastre d'Espagne par esclave; le *melek* (1) et les cheiks du pays convinrent avec lui de payer un tribut,

_____
(1) Roi.

qui fut fixé à mille *oukas* (37 kilog.) d'or et deux mille esclaves mâles par cent montagnes. Le quart en était exigible sur-le-champ.

En ce point, le but de Méhémet-Ali pouvait être considéré comme rempli; il n'en était pas de même de ses prévisions cupides. Les mines d'or, dont il avait soupçonné l'existence, et bien recommandé de reconnaître la position, ne se trouvèrent point, et le lavage des sables de quelques torrents ne donna qu'une très-petite quantité de métal. Des cheiks du pays avaient indiqué la province du Kamamil comme beaucoup plus productive en minerai; mais là également, l'opération du lavage n'eut pour résultat que de faire apparaître quelques rares molécules. Une dernière et décisive expérience fut tentée. Parmi les captifs, noirs comme l'ébène, ramenés d'une excursion qu'avait faite un des lieutenants d'Ismaïl, s'en trouvait un, qu'on supposait être un chef, rien qu'à la chemise dont il était revêtu, les autres étant absolument nus. Le jeune pacha le traita avec beaucoup d'égards; il le fit revêtir d'un *guibè*, ou dolman de serge rouge, qui, tranchant vigoureusement sur cette peau noire, remplit d'admiration toute la troupe. Après un tel honneur, ce personnage aurait été fort mal venu à faire le récalcitrant. Le prince se mit donc à l'interroger sur la région où, de préférence, les

indigènes recueillaient l'or, — ne lui dissimulant
point qu'à la moindre imposture de sa part, il
lui ferait trancher la tête sans rémission. Le nègre
indiqua plusieurs endroits : toutes recherches y
furent infructueuses ; il conduisit enfin les Egyptiens sur les bords d'une ravine, y descendit,
après toutefois avoir eu le soin de quitter son beau
dolman rouge, et remonta avec deux poignées
d'argile verdâtre ; examen fait, on n'y trouva encore que quelques menues paillettes. Les nègres,
par les saisons de pluie et avec des fouilles opi-
niâtres, n'obtenaient jamais de pépites plus co-
pieuses. La question était donc décidée, et Ismaïl
ne jugea plus à propos de pousser sa marche en
avant, ni même de s'arrêter plus longtemps dans
ce pays, ou les naturels semblaient avoir pris
à tâche de le harasser et de le détruire en détail
par des escarmouches continuelles. Déjà aussi
un mouvement insurrectionnel s'était propagé
dans le Sennâr et tout le long de la rive du Nil.
Un convoi de poudre et de munitions, qu'on
attendait avec impatience, avait été arrêté dans le
voisinage de Fazôglo, et les vingt-cinq hommes
de l'escorte tués impitoyablement. Le désordre
s'était même étendu jusqu'aux provinces d'Halfay
et de Chendy, où le bruit qui s'était répandu de
l'anéantissement de l'armée égyptienne, venait de
réveiller les timides et les indifférents. Ismaïl-

Pacha rentra dans le Sennâr, traînant à sa suite uelques centaines d'esclaves, ramassés en route. Il n'y trouva pas Ibrahim. Parvenu au delà de la province D'el-Kérébine, suivant ce qui avait été convenu, ce dernier s'était trouvé pris d'un mal si violent que ses médecins se décidèrent à lui prescrire le retour en Egypte, comme le seul remède offrant une chance de guérison. Ibrahim avait cédé à leurs conseils, et laissé le commandement de ses troupes à son seligdar, lequel revint à Sennâr avec huit cents nègres.

Ismaïl n'était pas moins fatigué que ses soldats, et comme eux, après deux années des plus dures épreuves, il désirait vivement aspirer un air plus clément; mais il aurait d'autant moins osé revenir en Egypte sans autorisation, que les résultats de son expédition avaient, sur un point capital, trompé les espérances de Méhémet-Ali; il sollicita respectueusement son rappel, se fondant sur le mauvais état de sa santé. Le courrier, chargé de cette requête, partit le 18 février 1822; il emportait aussi deux quintaux de sables aurifères de Kamamil, et un mémoire relatant toutes les expériences de lavage qui avaient été faites et leur insuccès. Le jeune pacha ne négligea aucun des moyens de conviction qu'il croyait devoir agir sur l'esprit de son père; mais le Rouméliote a partagé, avec les hommes à grand

caractère, la faiblesse qui consiste à être aussi
incrédules pour tout ce qui contrecarrait leur manière de voir, qu'empressés à accueillir légèrement ce qui pouvait la flatter. A l'égard des
richesses du Fazôglo, son siége était fait, et nous
le verrons plus tard courir lui-même, dans un
âge avancé et au prix de fatigues dangereuses,
au-devant d'une nouvelle déception. Message
et messager furent donc assez mal reçus au Caire;
le premier mouvement de Méhémet-Ali fut de
refuser l'autorisation demandée, sous prétexte
que son fils étant dans la force de l'âge, c'était
un devoir pour lui de lutter contre les périls de la
guerre et la rigueur des climats; mais les amis
du prince s'adressèrent au cœur du père, et l'ordre de retour fut transmis. Le malheureux Ismaïl,
comme on va le voir, n'en devait point profiter.
S'étant, au mois d'octobre 1822, éloigné de Sennâr
avec quelques centaines d'hommes seulement,
il arriva à Chendy, dont les habitants lui firent
fête; Ismaïl, qui avait plus besoin d'argent que
d'honneurs, fit venir en sa présence le melek de la
contrée, auquel le surnom de *Nemr* (tigre) avait été
donné, et lui dit assez brutalement: « Il faut qu'a-
vant cinq jours tu remplisses ma barque d'or, et
que tu me fournisses deux mille esclaves. » Nemr
se récria, et sur l'énormité de la demande, et sur le
peu de répit qui lui était laissé pour y satis-

faire. Ismaïl consentit à réduire ses prétentions
pécuniaires à vingt mille gourdes (1) d'Espagne;
mais, pressé qu'il était de s'en aller, il fut inflexible sur le délai qu'il avait fixé, et comme le melek
y mettait, quoique respectueusement, une insistance fort concevable, le prince s'emporta, et
le frappant au visage d'une pipe qu'il tenait
à la main, il jura, s'il ne payait ponctuelle-
ment, qu'il le ferait empaler. Nemr dévora silencieusement cet affront, et ne s'en montra que
plus obséquieux et plus soumis; pareil à la bête
fauve, dont il avait le nom, il léchait sa proie
avant de la déchirer. Pendant qu'il accourait, chaque matin, baiser la main du prince, il travaillait
en secret une population très-disposée à se
soulever. Enfin, il parvint à attirer son ennemi
dans un piége. Ismaïl, qui n'avait pas encore quitté
sa barque, se laissa facilement persuader de venir
habiter en ville, où, suivant les paroles de Nemr,
tout était prêt pour le recevoir magnifiquement.
Le prince n'avait pas plus de vingt personnes avec
lui; il trouva, pour habitation, un palais de
chaume n'ayant, suivant le mode nubien, qu'une
seule issue; tout autour étaient entassées de la
paille et des tiges sèches de doura, sous prétexte
de fourrage pour les chevaux du pacha. Le soir

(1) Piastre forte ou colonnade, la seule monnaie qui,
avec les sicles d'or, eût alors cours dans le Sennâr.

venu, et pendant qu'Ismaïl et les siens célèbrent, dans un festin, leur prochain retour en Egypte, les conjurés, assemblés au dehors, commencent, au son du tambourin et des chansons, une de ces danses solennelles et graves, particulières au pays. Entendant ces chants, la tribu entière se joint à la fête, et répète les refrains des danseurs. Tout à coup, à un signal donné par Nemr, le feu est mis en plus de vingt endroits ; alimenté par des matiè-res sèches, il enveloppe et gagne en un instant la maison. Le malheureux Ismaïl et ses compagnons apparaissent sur le seuil, le pistolet et le sabre au poing, essayant de se frayer un passage à tra-vers les tourbillons de flamme : ils sont repoussés par des nuées de javelots, et grillés, aux cris de joie d'une foule immense qui, pendant trois jours, ne pouvant se rassasier de vengeance, continua d'insulter à des corps défigurés.

Le reste de la troupe qui accompagnait le pa-cha fut égorgé en même temps à Métama, par les soins de l'oncle de Nemr. Un certain Grec, médecin d'Ismaïl, s'était rendu odieux par ses cruautés ; on le découvrit tapi dans une retraite, et on fit pis que de le tuer, on le conduisit à Nemr. Le *tigre* lui fit d'abord casser toutes les dents, que les femmes renfermèrent dans des sachets de cuir pour se les attacher au cou, persuadées qu'à rai-son de leur provenance, elles les préserveraient des maladies; puis, on fit endurer au patient le supplice qu'il avait infligé à tant de victimes : il fut empalé.

Un des mamelouks d'Ismaïl réussit à se sauver, et vint au camp annoncer l'horrible nouvelle. Le lendemain, les troupes retrouvèrent leur infortuné général sous les débris de l'incendie, la moitié du corps réduit en charbon, la poitrine percée de coups de lance; ses restes furent précieusement recueillis et transportés au Caire.

Le defterdâr venait justement d'achever la conquête du Kordofan, lorsqu'il fut instruit du sort d'Ismaïl; il accourut sur-le-champ avec sa petite armée. Les révoltés, exaltés par ce massacre comme par une victoire, se crurent en état d'affronter les Egyptiens en combat régulier, au lieu de faire une guerre de partisans, la seule qui leur offrît quelques chances de succès. Ils furent complétement défaits, et Nemr s'enfuit au Darfour. Alors, commencèrent de terribles représailles. Le defterdâr avait juré, sur le cadavre de son beau-frère, de faire tomber vingt mille têtes pour venger sa mort; il dépassa ce chiffre de la moitié. Investi, pour cet objet, du commandement en chef du Sennâr et du Kordofan, il poursuivit l'exécution de son vœu avec une rigueur implacable; il inventa des supplices, des raffinements de torture sans nom; il se plongea dans l'ivresse du sang, et devint un objet d'épouvante, non-seulement pour les victimes, mais pour ses propres soldats. Il garda le commandement jusqu'en 1824, époque à laquelle Rustem-Bey vint l'en relever avec des troupes régulières.

Parmi plusieurs Européens qui accompagnèrent Ismaïl, nous devons citer Frédéric Caillaud, de Nantes, savant géographe et naturaliste distingué, qui amassa, durant cette campagne, les éléments de son éminent *Voyage en Nubie*.

XXXIII

Le sultan Mahmoud avait momentanément renoncé à l'espoir de déposer Méhémet-Ali ; comme nous le verrons bientôt, il se trouvait lui-même engagé dans une série de complications qui allaient, au contraire, lui rendre précieux l'appui de ce vassal. L'extinction définitive du ouahabisme fut le prétexte qui servit à donner à ce rapprochement toutes les apparences de la sincérité ; en 1819, le *caouadgi* du grand-seigneur était revenu au Caire pour féliciter le vice-roi sur ses victoires et lui donner des gages de la haute satisfaction de son maître. Tout en se montrant sensible à ces politesses, le Rouméliote continua d'affecter une allure libre et indépendante, et peu de temps après, le gouverneur de Jaffa étant venu à encourir la disgrâce du sultan, il ne craignit pas de l'accueillir en Egypte, d'affecter à son usage et à celui de sa suite un traitement considérable; il alla même jusqu'à intercéder auprès du Divan pour sa rentrée en grâce. Mahmoud eut l'esprit politique d'avoir l'air de céder sur ce point aux sollicitations du vice-roi, et de prendre ainsi pour une intervention officieuse ce qu'en d'autres circonstances il eût considéré comme un acte formel de rébellion.

Tranquille du côté de Constantinople, Méhémet se jugea désormais assez fort pour poursuivre l'accomplissement des plans qu'il avait rêvés; dès ce moment, il donna carrière à un goût d'innovations, qui, s'il manqua souvent de discernement, témoigna toujours d'une grande largeur d'idées, et fut le principe virtuel des progrès incontestables qui s'accomplirent en Egypte. On l'a dit, et nous le répétons avec toute l'assurance de la conviction, l'occupation française fut la source où le génie novateur de Méhémet-Ali puisa ses conceptions; mais les Français doivent d'autant moins s'en vanter, que cette face du caractère de notre héros, est loin d'être, contrairement à l'avis général, la plus remarquable. Dans le livre suivant, nous aurons lieu d'examiner, au point de vue de l'ensemble, et de juger avec impartialité toutes les créations qui, sous ce rapport, appartiennent à Méhémet-Ali ; nous ne voulons présentement nous occuper que de certains faits qui se rattachent à l'organisation militaire.

Méhémet-Ali avait été témoin des prodiges accomplis par l'armée française en Egypte ; de telles victoires remportées à l'encontre des Mamelouks, c'est-à-dire des plus braves et des plus fougueux cavaliers du monde, ne pouvaient s'attribuer à la valeur individuelle des soldats ; elles témoignaient invinciblement de la supériorité de la discipline et de la tactique sur le nombre et le couragé désordonné ; dès ce moment le Rouméliote, dont le coup d'œil s'était élargi au spectacle de ces grandes scènes militaires, rêva aux moyens de commander à des soldats disciplinés. Tous ses faits et gestes vinrent se subordonner à cette envie, à ce besoin ; les calculs de son ambition ne reçurent plus d'impulsion que de cet unique mobile. On a vu comment la guerre d'Arabie fut un prélude au coup d'Etat qu'il méditait à ce sujet, et celle de Nubie une conséquence, jusqu'à un certain point, de sa non-réussite ; mais ce qu'il faut bien remarquer, c'est que cet insuccès fut un bonheur pour Méhémet-Ali. Si le caractère de ses Albanais ne se fût aussi complétement opposé à l'introduction de la discipline parmi eux, le vice-roi, obligé d'en former le noyau de son armée à venir, peut-être même de la composer principalement de gens de cette nationalité, ne se serait pas par là assuré au point qu'il croyait de leur obéissance et de leur fidélité, et il lui aurait toujours fallu compter avec ces soldats mercenaires, ayant sans cesse dans la mémoire qu'il leur devait les commencements de sa fortune. Et puis le même danger ne se serait-il pas présenté que pour les Mamelouks? en cas d'hostilité avec la Porte, celle-ci n'aurait-elle pas pu empêcher le recrutement d'Albanais sur son territoire, tout comme elle avait naguère tari les sources vivifiantes de la célèbre milice, en prohibant le transport des esclaves géorgiens et mingréliens? Tout bien considéré, il valut donc beaucoup mieux pour Méhémet-Ali que la guerre le débarrassât de ses anciens et dangereux compagnons d'armes, et qu'une armée nouvelle, sans doute moins brillante, mais tout à lui, surgît du concours de ces circonstances avec sa volonté.

Il ne faut pas douter que le vice-roi ne se soit pénétré vite de ces idées, et que sous leur empire, il n'ait pris cette singulière résolution de soumettre les naturels égyptiens au service militaire. Les critiques qu'elle suggéra furent vives et paraissaient bien fondées; en fait comme en droit, quoi de plus anormal que de faire prendre les armes à cette malheureuse population, habituée depuis si longtemps à gémir sous un joug étranger? Consentiraient-ils à être les propres instruments de leur misère? Pourrait-on jamais espérer d'en faire des soldats? Méhémet-Ali n'opposa aux clameurs que le silence de son inflexible volonté, et son activité dévorante, et le résultat vint, au moins dans les limites du but assigné, lui donner raison. Il est nécessaire de placer ici cette restriction; car, le succès obtenu, les apologistes ne manqueront pas plus qu'autrefois les détracteurs; mais comme les courtisans sont toujours plus outrés que les ennemis, ils firent honneur au maître d'intentions et de prévisions qui, il faut bien le dire, n'eurent jamais rien de commun avec son idée; comme, par exemple, de reconstituer une nationalité arabe, de faire renaître les beaux jours des Maures, etc. Le vice-roi voulut avoir une armée, et il l'eut, voilà tout. A quel prix? Les ossements entassés dans la vallée du Nil, le ravage et la désolation du Sennâr et du Kordofan, l'énorme dépopulation de ces contrées, pourront nous le dire; mais les questions de nationalité n'ont rien à voir là dedans. L'ambition et l'orgueil du Rouméliote, l'exaltation d'une famille, le bien d'un petit nombre d'individualités parasites, ont eu à s'en louer : l'humanité n'a eu qu'à en souffrir.

Méhémet prit les étrangers pour modèles dans

ses plans de réforme; mais, à l'inverse de ce qui fut toujours usité chez les Turcs, il eut au moins le mérite de les bien accueillir, et de toujours leur faciliter les travaux pour lesquels il réclamait et rémunérait magnifiquement leur assistance. A cette époque, les événements en Europe avaient dévoyé de leur carrière quantité d'officiers de mérite, surtout des Français, contraints à demander à l'étranger des emplois que leur patrie leur refusait; plusieurs abordèrent en Egypte et y furent retenus par la générosité du vice-roi, qui n'avait garde de laisser échapper d'aussi belles occasions. Parmi ces officiers, le plus connu, celui dont la renommée et la fortune eurent le plus à se louer du hasard qui porta ses pas en Egypte, et qui, on peut le dire, rendit les plus éminents services à la cause de Méhémet-Ali, fut le colonel Sèves, aujourd'hui encore, à l'heure où nous écrivons, Soliman-Pacha, major-général des armées égyptiennes; car M. Sèves, à l'exemple du général Menou, a cru devoir se convertir à la religion de sa patrie adoptive, soit qu'il ait obéi à un point de conviction, soit qu'il ait voulu faire tomber les derniers obstacles qui le séparaient du grade éminent dont il est investi — à moins encore que par une plus intime communion morale avec le peuple qu'il était chargé de diriger dans un sentier étroit et glissant, il n'ait pensé être plus en état de s'acquitter de la mission dont il s'était chargé. De tous ces motifs, il est à désirer, pour M. Sèves lui-même, que ce soit le premier qui ait fixé sa détermination, car c'est le seul non susceptible d'engendrer ultérieurement des regrets de plus d'une nature.

M. Sèves, fils d'un meunier, naquit à Lyon en 1787. Ses premiers goûts le dirigèrent vers la marine, pour laquelle il fit des études spéciales; mais ne pouvant être reçu aspirant, il entra comme sous-officier dans l'artillerie de marine, et naviguait plusieurs années en cette qualité. Il se trouvait, en 1804, à bord de l'escadre de Villeneuve, qui, avec vingt-sept bâtiments, n'osa pas livrer bataille à une flotte anglaise de dix-huit voiles, et eut le courage de laisser prendre sous ses yeux, sans combat, deux vaisseaux qui étaient tombés sous le vent. Vers cette époque, un duel malheureux, dans lequel le jeune Sèves tua son adversaire, le força d'abandonner et son grade et le corps de l'artillerie de marine; il put se consoler en pensant que les chefs qu'il quittait étaient trop prudents pour l'envie qu'il avait de se distinguer, et il rentra simple soldat dans le 6ᵉ régiment de hussards, faisant partie des troupes sous les ordres de Marmont en Italie, et commandé alors par le colonel Pajol, un des meilleurs officiers supérieurs de cavalerie légère que possédât l'armée française.

Le caractère éminemment belliqueux de M. Sèves était là dans son véritable élément; aussi attira-t-il bientôt l'attention du colonel Pajol, qui pourvut à son avancement. Une heureuse circonstance lui fit rapidement franchir les premiers grades. A cette époque, Napoléon avait la manie de faire exercer la cavalerie aux manœuvres de l'infanterie; personne ne connaissant ces manœuvres dans le 6e régiment de hussards, Sèves, qui les avait apprises dans l'artillerie de marine, fut nommé instructeur et brigadier, et peu après maréchal-des-logis.

Sèves devint officier dans la campagne de 1809, et fit en cette qualité celle de Russie; pendant la retraite, il fut attaché au maréchal Ney comme officier d'ordonnance; il remplit les mêmes fonctions en 1814, auprès du général Piré. Durant cette héroïque campagne de France, l'Empereur distingua plus de jeunes courages qu'il n'avait jamais fait; car les anciens zèles commençaient à se refroidir, et les gens n'ayant rien à perdre étaient les seuls qui ne marchandassent plus leur dévouement. Sèves fut du nombre des officiers qui fixèrent l'attention de Napoléon et dont la fortune eût été assurée, si l'Empire n'eût touché au terme de ses destinées. Dans les Cent-Jours, il fut attaché à l'état-major du maréchal Grouchy ; mais le fait seul d'avoir assisté à Waterloo l'empêcha d'entrer dans la garde royale, où il avait été proposé pour un emploi d'adjudant-major, avec rang d'officier supérieur.

Repoussé de la carrière des armes, Sèves, que son inactivité fatiguait, entreprit de faire valoir la ferme de la plaine de Grenelle, qu'il prit à bail, réalisant ainsi le type, devenu célèbre, du soldat laboureur ; mais il ne tarda pas à s'en dégoûter. A cette époque, on disciplinait en Perse des troupes à l'européenne, et plusieurs officiers étrangers y avaient acquis des positions recommandables. Cette perspective séduisit Sèves. Il partit en 1817 ; passant par l'Égypte, il fut présenté à Méhémet-Ali, lui plut, et accepta l'offre qui lui fut faite d'entrer à son service, malgré d'assez mesquines conditions. Mais le Rouméliote eut soin de lui ouvrir à deux battants les portes de l'avenir : « Réussis, dit-il à Sèves, et, quelle que soit ton ambition, ma générosité ira au delà. »

Ces promesses se rattachaient aux projets d'organisation de l'armée. Après l'échauffourée de 1816, forcé de louvoyer avec l'opposition générale, Méhémet-Ali avait reconnu la nécessité d'arriver subrepticement à son but, et surtout de soustraire à l'attention publique les essais qui seraient tentés ; il avait en conséquence envoyé quelques-uns de ses esclaves à Farchout, dans la Haute-Égypte, avec un renégat venu de Constantinople, un certain Ibrahim-Aga, chargé de les instruire; mais cet essai était demeuré nul. Il fut renouvelé avec M. Sèves. Méhémet-Ali choisit parmi ses mamelouks ceux qui lui parurent les plus intelligents, leur adjoignit son propre fils Ibrahim, et confia leur éducation militaire à l'officier français. Assouan, à la limite extrême de l'Egypte, fut désigné comme lieu de ces premières opérations. Quelque temps après, un autre Français, un lieutenant-colonel, M. Mary, arriva en Egypte, venant de Grèce; on lui donna un second peloton à exercer, et on l'envoya également à Assouan. Plus tard enfin, un troisième de nos compatriotes, M. Cadeau, qui se trouvait avec Osman-Effendi, devenu plus tard amiral de la flotte égyptienne, fut chargé d'aller inspecter le travail des deux premiers. Tels furent les commencements du *Nizam-Djedid* en Egypte. Méhémet-Ali trouvait de l'avantage et de la sécurité à reléguer loin de tous les yeux le champ des manœuvres; il n'en fut pas de même pour les instructeurs, que cet éloignement laissa exposés, sans grande répression possible, au mauvais vouloir et même à la fureur de leurs élèves; leur vie fut souvent menacée, et il fallut toute leur énergie, toute leur persévérance pour qu'ils n'échouassent point dans leur entreprise. Un jour qu'il commandait l'exercice à feu, Sèves entendit une balle siffler à ses oreilles. Sans s'émouvoir, il ordonne de nouveau la charge et, se mettant en face des Mamelouks : «vous êtes des maladroits, leur dit-il, apprêtez vos armes : feu!!..» Le mouvement fut exécuté avec plus de régularité, et la tentative homicide ne se renouvela point. Le prince Ibrahim contribua puissamment au succès en donnant l'exemple de la docilité; on le vit, comme autrefois Pierre le Grand, apprendre l'exercice ni plus ni moins qu'un simple soldat. Ces premières difficultés vaincues, les choses suivirent une progression satisfaisante, et bientôt Méhémet-Ali compta parmi les siens des hommes capables d'enseigner aux autres. Il s'attacha à grossir ce noyau, en usant tour à tour d'adresse et de fermeté; malgré l'invincible répulsion des Turcs et des Albanais, il parvint à en faire enrôler un grand nombre, les uns par des promesses et des captations, les autres par la rigueur. Au bout de trois années, la majeure partie des préventions était tombée devant la réussite, car Sèves était arrivé à compléter les cadres de plusieurs régiments.

Il s'agissait de les remplir. C'était alors l'époque des expéditions de Nubie; le fils de Méhémet-Ali, Ismaïl, et le defterdar, reçurent l'ordre de diriger tous les nègres dont ils auraient pu s'emparer, sur

Syène, où une vaste caserne avait été construite pour les recevoir. Toutes les précautions étaient prises, aucun des soins propres à l'organisation d'une armée n'avait été négligé : armes, équipement, solde, ambulances, hôpitaux, manutention et magasins, l'activité du vice-roi pourvut à tout. En arrivant, ces nègres étaient remis aux mains des médecins qui les vaccinaient, sous la haute direction de M. Dussap, élève du baron Larrey et ancien chirurgien de l'armée d'Orient; ils trouvaient aussi des instructeurs pour le maniement des armes. Mais ce que Méhémet-Ali n'avait pas prévu, c'est la nostalgie, qui lui emporta presque tous ses soldats : arrachés à la misère, à la faim peut-être, mais aussi à leurs affections et à leurs habitudes, ces malheureux tombaient comme des mouches, malgré le régime et les bons traitements; si bien qu'au bout de deux ans, trois mille nègres à peine survivaient sur vingt mille qui avaient été amenés.

Les critiques, les clameurs, les railleries recommencèrent inévitablement après cet échec. Méhémet-Ali ne se découragea point; inébranlable dans son dessein, quand l'expérience lui eut prouvé que les populations nubiennes étaient impropres à l'usage auquel il les avait destinées, il résolut d'y appliquer des fellahs. Nous avons déjà insisté sur ce que ce projet avait d'audacieux. Le pacha ne se trompait-il point? au lieu de trouver dans une pareille mesure la consolidation de son pouvoir, n'y rencontrerait-il point sa ruine? Le peuple égyptien était toujours resté désarmé devant ses oppresseurs, qui avaient eu soin de le renfermer étroitement dans le travail agricole, cause première de sa soumission et de leur richesse : changer cet ordre de choses, n'était-ce point contrevenir à l'expérience des siècles, et donner aux fellahs l'occasion d'une vengeance longtemps attendue? Telle était la crainte la plus généralement exprimée ; d'autres en prenaient exactement le contre-pied : ils niaient que le pacha pût jamais faire, avec le peuple fellah, des soldats convenables, et prétendaient que cette tentative aurait le plus funeste résultat, par le dommage qu'elle causerait aux cultures, déjà privées des bras nécessaires. La religion intervint aussi, mais dans la mesure de tolérance que lui accordait Méhémet-Ali : cette limite n'atteignit point les remontrances officielles, et se borna aux suggestions perfides, aux cancans calomniateurs : on répétait partout chez les Turcs, que le Rouméliote était d'accord avec les chrétiens pour chasser les ottomans d'Egypte et détruire la vraie religion. Aucun de ces fâcheux pronostics ne se réalisa, excepté celui qui avait trait au délaissement des cultures, et les fellahs firent d'excellents soldats, sobres, soumis, infatigables.

Mais, ce dont ne s'étaient nullement préoccupés les pessimistes musulmans, ils manifestèrent une répulsion invincible pour ce nouvel emploi donné à leurs bras, et il fallut les plus grands abus de la force pour les y contraindre. La résistance dans plusieurs districts nécessita l'envoi sur les lieux de compagnies de Bedouins et d'Albanais, qui se livrèrent à leurs excès accoutumés, se jetant inopinément sur un village, forçant les habitations, insultant les femmes, et voulant s'emparer des hommes. Le sexe faible déploya dans cette occasion une énergie folle ; nues, égarées, les femmes couraient dans les rues et poussaient des cris horribles ; tout en portant leurs enfants sur leurs épaules, elles fondaient comme des lionnes sur les groupes qui entraînaient leurs maris : beaucoup de militaires furent par elles égorgés, déchirés en morceaux. Le gouvernement se vit contraint de faire des exemples ; mais souvent sa sévérité ne tomba pas sur les vrais coupables. Pendant longtemps, toute la vallée du Nil fut, à cause du Nizam, plongée dans la désolation. Les paysans des frontières émigraient avec leurs troupeaux soit en Syrie, soit chez les Bedouins, et la dépopulation fit en Egypte de rapides progrès. Quand les fellahs eurent reconnu que la résistance ouverte ne pouvait les soustraire à leur sort, ils ne craignirent pas de se mutiler pour se rendre impropres au service militaire ; les uns s'excisaient le doigt indicateur de la main droite avec une hache, les autres se mettaient un peu de chaux vive dans l'œil droit. En dehors de ces moyens violents, il n'est point de ruses qu'ils n'inventassent pour tromper les agents du recrutement. Cependant, une fois incorporés, ils se pliaient rapidement à leur nouvelle condition, et d'humbles, avilis qu'ils étaient dans leurs villages, ils revenaient, sous le drapeau, à un plus vif sentiment de leur dignité humaine. Ils se montraient fiers d'être soldats de Méhémet-Ali, et commençaient à rendre aux Turcs injures pour injures : ils obtinrent même un décret qui interdisait de se servir, à leur égard, du nom de fellahs, lequel comporte une idée de mépris.

Toutefois, jusqu'au moment où il put montrer un résultat sérieux, le vice-roi ne se prévalut point des progrès du Nizam ; il ne chercha même point à faire tomber les préventions dont cette institution était l'objet, et redoubla de prévenances envers les chefs albanais, qui en conclurent que leurs services n'étaient pas près de devenir inutiles. Mais un beau jour on vit arriver à Kanka, à quatre lieues du Caire, six régiments d'infanterie au complet, environ vingt-cinq mille hommes armés, équipés, pourvus de tout, et manœuvrant déjà avec beaucoup d'aplomb. Le Rouméliote jouit pleinement de son triomphe. Les Albanais furent saisis de la plus vive inquiétude qu'ils eussent jamais éprouvée; les mieux avisés comprirent que leur règne était passé, et se préparèrent silencieusement à la retraite. En effet, Méhémet-Ali s'étant rendu à Kanka, fit sommer ses anciens compagnons d'armes de rentrer dans une obéissance absolue, ou d'avoir à quitter immédiatement l'Egypte. Beaucoup s'y résignèrent: un petit nombre aima mieux s'en aller que de se soumettre à la discipline.

<h1 style="text-align:center">XXXIV</h1>

Le vice-roi ne tarda pas à trouver l'occasion d'utiliser sa nouvelle armée. L'effervescence était restée grande dans le Saïd, car c'était là que le recrutement avait rencontré le plus d'obstacles : il ne fallut qu'un ferment religieux pour faire éclater ce mécontentement en révolte. Au commencement de l'année 1824, un cheik maugrébin revenait de la Mecque ; pendant le pèlerinage, ce cheik s'était imbu des principes d'Abd-el-Ouahab, dont la doctrine, quoique étouffée par les armes victorieuses de Méhémet-Ali, ne laissait pas encore d'avoir ses secrets partisans en Arabie, et faisait toujours des prosélytes. A son passage à Cosseïr, le Maugrébin fut assez vertement tarifé par la douane de ces villes; il puisa dans cette circonstance, nuisible à ses intérêts, l'énergie propre au fananatisme, et le voilà, à Cosseïr déjà, jetant feu et flammes contre les Turcs et leurs abominations. Il entraîna ainsi une partie de la population, qui le suivit à Kenè et à Esnè. Là, ses prédications incendiaires obtinrent encore plus de succès; l'esprit public y était préparé comme la paille au feu, et l'insurrection s'étendit rapidement dans la vallée du Nil. Le hasard voulut qu'elle se rencontrât avec plusieurs bataillons des nouvelles troupes, expédiés au Sennâr pour remplacer le reste des milices irrégulières; trop peu nombreux pour la combattre, ces soldats du Nizam lui apportèrent un puissant renfort en se joignant à elle; elle se crut dès lors maîtresse de la situation, et assurée d'avoir aussi bon marché de toute l'armée du pacha, elle descendit triomphante vers le Caire, embauchant les fellahs sur son passage. La foule des insurgés s'accrut démesurément, toujours guidée par le cheik maugrébin : elle ne s'élevait pas à moins de vingt mille hommes, lorsqu'elle arriva en présence des forces envoyées pour la disperser.

Méhémet-Ali n'avait pas perdu de temps; un

simple retard, un moment d'hésitation, pouvaient,
en effet, dans les conjonctures, tout compromettre ;
à la première nouvelle, il mit en mouvement toutes
ses troupes, sous la direction d'officiers européens
et turcs, avec ordre de ne pas faire de quartier.
Plusieurs rencontres eurent lieu dans lesquelles
les révoltés, toujours battus, perdirent plus d'un
tiers des leurs : le reste fut dispersé et poursuivi
jusqu'au delà des terres cultivées.

Cette énergique répression prévint à tout jamais
le retour d'une semblable tentative de la part des
fellahs. Bien loin d'en avoir subi le moindre échec,
le pouvoir du Rouméliote s'en trouva consolidé, et
ses innovations avaient reçu la décisive consécration de l'expérience. Les soldats du Nizam n'avaient
pas hésité à tirer sur leurs compatriotes : il était
désormais permis de compter sur eux.

XXXV

Tandis que Méhémet-Ali raffermissait sa position en Egypte, et plaçait ce pays dans une condition relativement prospère, le sultan Mahmoud se
consumait en vains efforts pour disputer l'empire

à la ruine qui le menaçait de toutes parts. Illusionné sur les conséquences de la pacification générale de 1815, Mahmoud espéra un moment que cette trève extérieure lui donnerait toute latitude de réprimer les révoltes de ses vassaux, et de rattacher solidement entre elles les parties désagrégées, mais encore magnifiques de l'empire ; il ne tarda pas à se détromper et à retrouver, dans toutes les difficultés intérieures, le bras de son implacable ennemie, la Russie. Le procédé à l'aide duquel cette puissance étendait sa conquête n'avait rien qui fût comparable aux moyens jadis employés par les fils d'Osman pour assurer la leur ; si la force en constituait l'essence, elle avait aussi à son service une politique aiguisée à tous les détours de la ruse et d'une foi moins que punique, bien propre à dérouter l'ignorance et la simplicité musulmanes. Ces mêmes peuples que les Osmanlis avaient rangés sous la loi du sabre, sans se préoccuper de se les assimiler en aucun point, la Russie qui exerçait sur eux d'une manière permanente l'attraction d'une communauté de foi religieuse, y ajouta bientôt les piéges de sa protection, et les menait à l'asservissement à travers le mirage de l'indépendance. Cette politique avait encore moins d'entrailles que celle des Turcs ; car à un moment donné, et lorsque la nécessité de dissimuler ses projets aux yeux de l'Europe, l'obligeait à rétro-

grader après un pas hasardeux, elle ne se faisait
point faute de bâcler un traité qui lui con-
cédait quelques avantages, et abandonnait les
populations leurrées à toute la vengeance de
leurs maîtres.

Depuis un siècle, cette lutte avait pour théâtre
les principautés danubiennes. Vers 1809, ce qu'on
était déjà convenu d'appeler le colosse moscovite,
profitait du loisir que lui laissaient les affaires
d'Occident, et en vertu des conventions secrètes
d'Erfurth, par lesquelles il s'était adjugé l'Orient
sous réserve de l'Hellespont, il se mit en devoir
de prendre ouvertement ce qui faisait l'objet de sa
convoitise. Grâce à des intelligences préparées de
longue main, les Russes envahirent sans difficultés
le pays Moldo-Valaque, et le sultan, battu sur
toute la ligne, fut mis en demeure d'acheter la
paix au prix de la cession de la rive gauche
du Danube. En vain Napoléon, que la bataille de
Wagram venait encore de rendre l'arbitre politique
du monde, offrit-il sa médiation pour prévenir la
ruine complète de la Turquie : cette médiation fut
repoussée, la Porte rejeta bien loin les dures conditions qui lui étaient faites, et les hostilités reprirent avec énergie. La campagne de 1810 se
montra encore plus fatale aux Turcs ; leur ligne
des Balkans fut forcée, la Bulgarie envahie, le
chemin de Constantinople ouvert aux armées

russes, et le Divan, aux abois, contraint à implorer de nouveau la paix. Mais les exigences des Russes avaient grandi en proportion de leurs victoires ; l'abandon de la Moldavie et de la Valachie ne leur suffisait plus : ils manifestèrent la prétention toute nouvelle de faire reconnaître par la Porte l'indépendance de la Servie et d'admettre dans les négociations Czerni-George comme prince des Serviens, pour y défendre les intérêts de ce pays, qu'il disputait depuis huit ans à l'autorité ottomane.

La Porte refusa encore de souscrire à son démembrement, et la campagne de 1811 allait sans doute avoir sa perte définitive pour résultat, lorsqu'une rupture devint imminente entre la Russie et la France. Napoléon et Alexandre avaient rêvé le projet de se partager le monde ; mais l'accord conclu, chaque agrandissement de l'un porta ombrage à l'autre, et ils étaient ennemis jurés avant même que leurs frontières se touchassent : l'usurpation du trône d'Espagne indisposa autant Alexandre, que la tendance de celui-ci vers Constantinople inquiétait Napoléon. L'issue de cette rivalité nécessaire, fomentée par les intrigues de l'Angleterre, fut le grand conflit où chacun des champions s'écrasa, au grand avantage d'Albion ; car si l'étoile de Napoléon s'y éclipsa, les czars furent peut-être à tout jamais évincés des rives du Bosphore; et au sortir de cette lutte, les puissances européennes devaient rentrer dans une condition d'équilibre qui porterait le plus grand obstacle à l'exécution du testament politique de Pierre le Grand.

A la première menace venue d'Occident, Alexandre avait été obligé de retirer plusieurs divisions de son armée de Turquie pour former un corps d'observation en Pologne ; il écrivit en même temps à Kutusof, général en chef sur le Danube, de ne pas pousser ses avantages, et d'évacuer la Bulgarie pour mieux garder la ligne du fleuve. La Porte sentit, non sans joie, se retirer le pied qui lui pressait la gorge.

Si, par impossible, l'empire ottoman eût été alors en état de reprendre vigoureusement l'offensive, surtout si les provinces danubiennes ne lui eussent été depuis longtemps aliénées par les manœuvres souterraines de la Russie, il y avait là pour lui une belle occasion de se relever de ses longs désastres, et d'opérer une large diversion à l'effort géant de la France contre l'ennemi commun.

La marche victorieuse de Napoléon fit retirer précipitamment la moitié de l'armée russe du Danube, pour la porter sur les derrières de l'armée française. On vit alors la souplesse merveilleuse avec laquelle la diplomatie moscovite savait plier son langage aux circonstances, et combien peu le gouvernement des czars se tenait pour engagé vis-à-vis des peuples compromis par lui. Les agents russes qui s'étaient montrés si arrogants et si tenaces dans les négociations précédentes, se relâchèrent tout à coup de leurs prétentions, n'insistèrent plus sur la cession de la Moldavie et de la Valachie, et proposèrent le Pruth pour limite aux deux empires : de la Servie, il n'en était même plus parlé. Le traité de Bucharest fut signé dans ces conditions : il renouvelait en masse les articles des traités antérieurs quant au droit de protection de la Russie à l'égard des Grecs, ses coreligionnaires.

Une espèce d'amnistie y avait été stipulée en faveur des révoltés : la Porte n'en tint nul compte, et voulut obliger les Serbes à se soumettre à discrétion ; sur leur refus, une armée turque envahit la contrée en 1813, et commit d'affreux excès. Czerni-George, vaincu, se réfugia à Saint-Pétersbourg, et de là en Autriche, pour mieux épier l'occasion d'un retour offensif. Il tenta, en effet, quelque temps après, de rentrer dans sa patrie ; mais reconnu et arrêté par les officiers de la Porte, il fut conduit au pacha de Belgrade, qui le fit décapiter sans autre forme de procès. Ainsi mourut, victime de la politique russe, un des hommes les plus énergiques de la révolution slave, un héros taillé sur le patron antique. Né dans un rang obscur, Czerni-George s'était élevé à la dignité suprême chez ses compatriotes par la seule force de son caractère; son énergie, que l'éducation n'avait point tempérée, se manifesta souvent par des actes d'une cruauté sauvage. Il se glorifiait d'avoir été le bourreau de son frère et de son père. Il fit périr le premier pour avoir méprisé ses ordres : le second reçut le coup mortel de sa propre main, parce qu'il le menaçait de découvrir sa retraite aux Turcs, s'il ne cessait de prêcher la révolte et d'appeler sur la Servie de sanglantes calamités. Czerni-George se jeta aux genoux de son père et le supplia vainement de renoncer à son dessein : « Malheureux vieillard, s'écria-t-il en se relevant, tu ne trahiras ni ton fils ni ton pays. » Disant ces mots, il l'étendit mort à ses pieds d'un coup de pistolet.

Les Turcs promenèrent en Servie les supplices et la dévastation; mais le sang des martyrs rend leur idée féconde : vers la fin de 1815, Milosch Abrenowistch souleva de nouveau les Serbes, résolus cette fois à vaincre ou à mourir. Le succès couronna des efforts aussi magnanimes; après une guerre sanglante, les Turcs se retirèrent, et l'indépendance des Serbes fut proclamée. Plus tard, les Russes obligèrent la Porte à la reconnaître.

XXXVI

L'insurrection de la Servie ne fut qu'un des premiers épisodes de la crise révolutionnaire qui allait bouleverser l'empire ottoman; son explosion fut amenée et préparée de longue main par des causes qu'il convient de récapituler ici brièvement. La Grèce, cette terre qui ne perdit jamais complétement la poésie des souvenirs, était devenue province musulmane peu après la prise de Constantinople; demeurée passive dans la lutte terrible que soutinrent les Turcs et les Vénitiens pour se la disputer, elle fut définitivement donnée en 1718 aux premiers par la paix de Passarowitz, qui accordait aux Vénitiens, en dédommagement de la Morée, quelques villes de la Dalmatie. Dans l'étendue de la péninsule hellénique, la Porte avait institué quatre pachaliks, celui de Salonique, formé de l'ancienne Macédoine, celui de Janina, qui comprenait l'Albanie Arnaoute, celui de Livadie, l'antique Hellade, et enfin celui de Tripoli, le Péloponèse. Les îles de la mer Egée, y compris Candie et Négrepont, formaient un gouvernement à part,

placé sous les ordres directs du capitan-pacha.
Maîtres sans conteste de ces riches contrées au
moment où commençait leur décadence, les Turcs
y aggravèrent encore l'ineptie dont ils firent toujours preuve dans l'organisation de leurs vastes
conquêtes. La Grèce offrait des différences de
mœurs et de caractères, observées de toute antiquité, et qui tiennent avant tout à des circonstances
topographiques; dans la partie nord, pays de plaines, à l'ouest du Vardar, qui constitue à propre-
ment parler la Grèce centrale, les habitants, culti-
vateurs pour la plupart, se plièrent facilement au
joug, et ne demandaient que la garantie d'une
portion suffisante des fruits de leurs travaux pour
vivre paisibles; au sud et à l'ouest, au contraire,
contrée âpre et montagneuse, la population
s'était habituée à n'exister que des produits de ses
troupeaux et de pillage à main armée; des hauteurs de l'Olympe et du Pellon, des rochers du
Pinde, les *klepthes* (brigands) s'élançaient sur les
habitations de la plaine, les dépouillaient en mas-
sacrant leurs hôtes, et remontaient avec leur butin
comme les oiseaux de proie dans leur aire. Ceux-là
n'avaient jamais reconnu ni maîtres, ni patrie; et
ils frappaient indistinctement quiconque, placé à
leur portée, leur offrait l'espoir de quelque rapine.
L'occupation ottomane vint donner à ces misérables ce vernis poétique, ce prestige national dont

ils avaient été jusque-là privés, et son incapacité
fut leur premier complice. Au lieu de faire une
rude guerre à ces bandits, et d'entourer leurs tri-
butaires de la plaine d'une protection efficace, la
Porte réserva toutes ses rigueurs pour ces derniers, les accabla d'outrages et d'exactions, si bien
qu'un grand nombre d'entre eux, ruinés, prirent
le chemin des montagnes et se firent klepthes à
leur tour. Fatigués de retrouver toujours aussi
ardentes et déterminées, ces bandes indompta-
bles, contre lesquelles la victoire ne rapportait ni
trève ni butin, les Turcs, renonçant à les soumettre, leur accordèrent des droits politiques, à la
condition de payer un tribut : ils purent se gou-
verner à leur guise, exercer librement leur religion, et rester en armes pour le maintien de ces
priviléges. Il se forma alors dans ces cantons fa-
vorisés une milice de Grecs plus régulièrement
constitués que ne l'étaient les klephtes, qui prirent
le nom d'*armatoles*, et eurent des chefs héréditaires.
Comme la Porte n'en plaça pas moins à côté d'eux
des pachas, toujours disposés à empiéter sur les
franchises accordées, cette organisation, partout
où elle fut mise en pratique, ne fit que rendre la
guerre permanente : à chaque défaite, les armatoles en étaient quittes pour se réfugier dans les
gorges profondes, sur les cîmes escarpées, où l'autorité même nominale des Turcs n'était point

reconnue. Quoique ces capitulations locales n'eussent pas dépassé l'isthme de Corinthe, et qu'on n'en retrouvât aucune trace dans le Péloponèse, où la domination musulmane parut douce, succédant à celle des Vénitiens, cette partie de la Grèce opposait encore aux conquérants une résistance invincible dans la petite population des Maïnotes ou habitants du Magne : ceux-ci, en dehors du territoire montagneux et presque inaccessible qui délimitait leur confédération, s'étaient toujours considérés comme en pays ennemi. Les Vénitiens avaient vainement tenté de les réduire ; les Turcs ne l'essayèrent même point, et se contentèrent de se donner sur eux une ombre de suprématie politique, en confirmant d'ordinaire l'élection du chef de guerre qu'ils s'étaient choisi, et le décorant du titre de bey ; formalité dont ce dernier se souciait fort peu, et qui ne l'empêchait nullement de porter ses ravages partout où il le jugeait à propos.

Mais, en raison même de cette barbarie de mœurs, Turcs et Grecs étaient faits pour s'entendre, si la religion n'eut mis un obstacle invincible à leur rapprochement. Le grand schisme de l'Eglise byzantine n'avait pas moins contribué que la vétusté et l'énervement de l'empire d'Orient à livrer l'accès de l'Europe aux infidèles, en empêchant la chrétienté de se réunir contre eux dans un mouvement commun de défense ; une

fois maîtres de Constantinople, il leur était aussi
facile de détruire l'Eglise grecque que les consti-
tutions politiques de l'empire. Ils ne le firent point,
soit que l'enthousiasme se fût refroidi chez eux,
soit que les proportions majestueuses de ces ruines
fussent encore capables de les toucher. La pourpre
était encore chaude, et la maison d'Osman ne
songea qu'à se l'ajuster : jadis Omar lui avait pré-
féré son vêtement de bure. C'est qu'alors l'islamisme, cette glorification de l'individualisme et
de la fatalité, avait porté tous ses fruits délétères ;
c'est que les sultans ne cherchaient plus, à
l'exemple des califes, à conquérir des prosélytes
et des sujets, mais bien des esclaves et des ennemis.

Aussi, les Turcs ne tardèrent-ils pas à éprouver
un double mécompte : les institutions politiques,
usées jusqu'à la corde, éclatèrent dans leurs
mains grossières ; et l'Eglise grecque, maintenue
grâce aux capitulations de Mahomet II, se releva
de son avilissement par les obstacles et les persécutions. Uniquement avides de dépouilles, les
Turcs laissèrent les anciens maîtres en possession
de la direction morale des peuples conquis, et
poussant l'imprudence jusqu'à l'aveuglement, ils
choisirent encore parmi les Grecs qu'ils trouvèrent établis à Constantinople (les Fanariotes) les
ministres de leurs déprédations : de telle sorte

qu'au jour où leur pouvoir courut un danger, ce fut justement par ceux qui semblaient avoir le plus d'intérêt à son maintien, et les seuls qui lui dussent de la reconnaissance.

Si cette cause originelle de la faiblesse du gouvernement ottoman pouvait laisser quelque doute, il disparaîtrait par l'exemple d'un cas exceptionnel qui s'est présenté dans son histoire. Il s'agit de la conquête de l'Albanie. On sait quels sacrifices elle lui coûta, et comment Scanderbeg, avec une poignée d'hommes, tint en échec, pendant vingt-trois ans, les plus puissantes armées turques. A la mort de ce héros, l'Albanie tomba définitivement au pouvoir de ses ennemis, et le sultan Bajazet II, pour prévenir le retour d'une lutte aussi désastreuse, contraignit les Albanais à se convertir à l'islamisme. Beaucoup, pour se soustraire à cette loi, s'enfuirent dans les îles ou se réfugièrent dans les montagnes; mais la masse de la nation devint musulmane, et depuis lors, les sultans ont recruté chez elle leurs meilleurs soldats. Si toutes les contrées rattachées à l'empire ottoman eussent obéi à la même nécessité, la Porte aurait trouvé un boulevard en mains endroits qui sont maintenant pour elle des motifs irréparables de ruine.

Cette inimitié religieuse, dans laquelle la race turque vécut à l'égard des races subjugées, n'était

peut-être pas apte à déterminer spontanément
la rupture des liens politiques qui les unissaient,
quelque sommaires qu'ils fussent, ni à faire s'a-
giter les opprimés pour leur indépendance. La
domination musulmane comporte, en elle-même,
un avilissement dont il est difficile aux peuples,
au bout d'un certain temps, de se relever : mais
ce principe de dissolution devint un puissant agent
entre les mains des ennemis de l'empire ottoman, et l'affranchissement de la Grèce, entre
autres, fut exploité par la politique au point de vue
d'intérêts égoïstes. Sous le règne de la reine Anne,
les Anglais tentèrent de remuer l'esprit révolutionnaire des Grecs, pour s'en servir dans la
guerre qu'ils projetaient de faire aux Turcs, de
concert avec l'empereur Charles VI. L'Autriche,
malgré sa catholicité et ses instincts éminemment conservateurs, ne négligea point, chaque
fois qu'elle le put, de fomenter l'insurrection
dans les provinces turques qui lui étaient limi-
trophes, notamment en Servie, en 1790 et en 1798 :
deux révoltes suscitées par elle dans cette contrée furent éteintes dans des flots de sang ; la
dernière coûta la vie au poëte Rigas, qui s'en était
fait le chef, et qui fut scié entre deux planches.
Quant à la Russie, cette politique était très-ou-
vertement la sienne depuis Catherine II. La Sémi-
ramide du Nord, qui ne dédaignait aucun genre

d'hommage, savoura par avance les éloges de la philosophie sur l'intention qu'elle manifesta de rendre *ces pauvres Grecs* à la liberté; vers l'an 1768, sur la foi des rapports d'un agent subalterne, un certain Papazogli, Thessalien de naissance, rapports confirmés par Orloff, qui, à titre d'amant et de serviteur de l'impératrice, n'avait à cœur que de lui complaire en toute chose, des vaisseaux russes, et quelques troupes furent envoyés sur les côtes de la Morée. Les nouveaux venus comptaient trouver la contrée tout entière prête à prendre les armes au premier signal; les Grecs, au contraire, espéraient être appuyés d'une force militaire imposante. Le résultat de cette double méprise fut un échec qui força les Russes à se rembarquer précipitamment, et laissa le Péloponèse en proie à la cruauté des Albanais vainqueurs. Les Maïnotes, se croyant joués, ne prirent que très-peu de part au soulèvement, et du haut de leurs montagnes, restèrent tranquilles spectateurs de de la dévastation des pays voisins. Plus heureux, sur mer et dans la vallée du Danube, les Russes finirent par imposer à la Porte la paix de Kaïnardji, qui ne stipulait rien autre chose pour ces *pauvres Grecs*, qu'une vaine protection religieuse, mais qui reconnaissait l'indépendance des Tartares de Crimée, dont le pays convenait bien mieux aux calculs spoliateurs de la politique russe; et en effet, quelques années plus tard, sous prétexte de calmer dans la famille du Khan des dissensions adroitement semées, Catherine envahit la Crimée, et fit consacrer son usurpation par un nouveau traité avec la Porte en 1784.

De longtemps, après cela, il ne fut parlé aux Grecs d'indépendance. L'aigle moscovite tournait autour de sa proie dans la mer Noire et sur les frontières turques. Laissés à eux-mêmes, les Moréotes subirent l'épouvantable tyrannie des bandes albanaises, des Ottomans et de leurs propres kleptes. Comme les Albanais avaient fait de ce pays un désert, la Porte jugea à propos de charger un de ses généraux, Gazi-Hassan, de les en faire sortir à tout prix; celui-ci, pour accomplir cette mission, s'associa les kleptes et leur chef Colocotroni; après quoi, les Albanais exterminés, il s'empara par trahison du capitaine armatole, et le fit périr dans les supplices. Le gouvernement de la Morée fut sa récompense : il administra, sinon avec douceur, du moins avec assez d'intelligence pour faire luire quelques réparations sur ce sol désolé, et produire de rares moissons à une terre qui n'avait pas été ensemencée depuis dix ans.

Mais, tout d'un coup, un vrai cri de liberté vint faire écho dans le monde : la révolution française projeta sa grande clameur. Cette fois, à l'ardeur du souffle qui leur passa sur la tête, à un certain

remuement d'entrailles, les peuples sentirent que
cet appel n'était point un leurre, et qu'il n'avait
rien à démêler avec les détours de la diplomatie.
Les arbitres de l'Europe, occupés à frauder leurs
appétits de mômeries philosophiques, tressaillirent
comme la fauve, qui, dans sa lourde digestion, a
entendu la trompe du chasseur; et tous, à l'envi,
sûrs instinctivement du danger, se ruèrent sur
l'ennemi commun, laissant là l'Orient et son éternelle dispute. Ce qu'il y eut d'extraordinaire dans
ce choc immense, c'est que les conducteurs des
nations réussirent par des sophismes à leur faire
prendre le change sur la vérité du symptôme qui
se manifestait, et à leur inoculer leur propre haine
contre la France. Infortunée patrie! comme jadis
l'Homme-Dieu, elle devait expier la première la
révélation qu'elle apportait au monde, et n'inau-
gurer sa véritable gloire qu'à son Golgotha! Ad-
mirable preuve que l'humanité est destinée à faire
toutes ses acquisitions au même prix, celui de
ses larmes; que le flambeau de la philosophie ne
saurait luire à ses faibles yeux, autant que la
torche de la guerre civile, et que le verbe ne
suffisant pas à tracer son sillon dans cette foule
humaine, il faut l'épée. De même que la nature
confie ses semences les plus précieuses à l'aquilon
qui porte au loin la fécondation et la vie, pour
éparpiller le germe de la révolution française dans

le monde, il fallait une tempête, et Napoléon fut
suscité.

Aussi, quand la France fut étendue, sanglante,
sur sa croix, reçut-elle les insultes de toutes les
nations conviées pour ce grand sacrifice; mais il
n'eut pas été plus tôt consommé, qu'elles sentirent
s'agiter dans leur sein le fruit des idées nouvelles;
l'Espagne, l'Italie, l'Allemagne osèrent demander
à leurs maîtres, encore frémissants de la victoire, d'en abjurer comme le principe et les conséquences, et de faire bénéficier les peuples, par
don d'octroi, d'une partie des droits que la révolution française avait tenté d'emporter de haute
lutte. Les rois, dont la ligue continuait en présence
du danger, répondirent par la violence et la per-
sécution; et ces tentatives n'aboutissant qu'à
river les chaînes, les opprimés maudirent encore
la France qui, par leur fait, ne pouvait plus que
les plaindre, et leur montrer ses plaies. Cependant, la liberté s'élevait jusqu'au caractère d'une
religion, grandissant avec les entraves, se forti-
fiant dans ses revers, opposant les associations
secrètes, les incitations fougueuses du carbona-
risme aux manifestes jésuitiques de la Sainte-Alliance.

Cette seconde phase de l'ère révolutionnaire fut
caractérisée par la réaction de l'Europe sur la
France, et par l'avènement à la vie politique de la

classe à qui seule les droits conquis avaient pu être profitables, parce qu'elle était demeurée nantie de la propriété. Quant aux forces vives de la France, elles étaient pour longtemps absentes de la lutte, usées qu'elles avaient été pendant vingt ans sur les champs de bataille; elles laissaient la haute main à une coalition d'intérêts bourgeois attachés à trouver un compromis entre les excès démagogiques et la monarchie de droit divin, conservateurs vis-à-vis des premiers, progressistes par rapport à celle-ci, et ne rêvant d'autre issue à la révolution que la réalisation de la célèbre formule de Sieyès touchant le tiers-état : coalition tracassière, frondeuse, faisant question de tout, et de toute question une arme offensive, rendant enfin impossible quelque gouvernement que ce soit, et le sien même tout le premier. Tel fut le libéralisme ou le grand schisme de la liberté. Il prit, suivant les pays, des formes particulières : en Pologne, en Italie, en Grèce, il créait le besoin de nationalité; en Allemagne, l'idée de l'unité; en Angleterre, il se renferma dans la réforme du système électoral.

Cette profonde modification du vieux monde eut son retentissement en Grèce de plusieurs manières; à la fin du siècle, le malheureux Rigas, instruit par l'expérience du faible espoir qu'il fallait avoir en l'étranger pour l'affranchissement de sa patrie, songea à réunir les Grecs dans une association fraternelle; il fonda la première *hétairie* (1). Cette tentative n'eut que peu de succès, et l'on sait que Rigas la paya de sa vie. En 1806, une seconde hétairie se forma dans l'Italie supérieure, celle-ci dans le but de faire renaître l'empire grec et de l'allier à l'empire français. Napoléon lui donna d'abord des encouragements; déjà vingt-cinq mille fusils avaient été mis en dépôt à Corfou pour armer la population, que des troupes françaises devaient soutenir; mais les guerres d'Europe vinrent changer les visées de l'Empereur, et sa chute éteignit jusqu'au dernier espoir de cette seconde hétairie.

Pendant ces guerres, la situation matérielle et morale des Hellènes s'était améliorée; la Morée, rendue à la culture, avait rappelé dans son sein les Grecs exilés; marins intrépides et expérimentés, les habitants d'Hydra, Spezzia, Ipsara, entreprirent des expéditions favorisées par les circonstances, par la disette qui plusieurs fois s'appesantit sur la France, par le blocus continental; en 1813, la marine grecque comptait six cents navires, la plupart bien armés, et deux mille marins : premiers éléments de ces redoutables escadres qui, plus tard, firent éprouver de si grands désastres à la marine ottomane. Les lumières d'Europe

(1) D'un mot grec qui signifie société.

commençaient aussi à pénétrer dans ce pays ; de jeunes Grecs, élevés dans les universités de Paris, de Vienne, de Padoue, venaient répandre parmi leurs compatriotes les premiers germes de l'instruction ; d'autres, qui avaient suivi la carrière des armes, sous les drapeaux de la France ou de la Russie, et qui furent licenciés à la paix, rapportaient la connaissance de la tactique et de la discipline militaire.

Cet essor ne rendait que plus vif le besoin d'indépendance. Trompés par les déclarations de la Sainte-Alliance, les Hellènes crurent un moment que leur sort allait fixer l'attention de l'Europe : le congrès de Vienne leur donna un cruel démenti. Alexandre, ce Grec du Bas-Empire, sous l'inspiration duquel s'était accomplie cette mystique coalition, ne poussait pas la générosité des principes jusqu'à l'abandon des vues traditionnelles de la politique russe. Entre ces souverains, raffermis sur leurs trônes ébranlés, la question d'Orient redevenait brûlante ; or, la régler en congrès, c'était lui donner une solution, dont le moindre inconvénient pour la Russie était d'engager l'avenir. Il ne fut donc rien stipulé au congrès de Vienne relativement à l'empire ottoman, et la Russie sembla tacitement investie du droit d'y intervenir à son gré : coupable condescendance des gouvernements, qu'Alexandre ré-

clama sans doute en retour des services rendus à la coalition, et dont l'Europe devait plus
tard recueillir les fruits amers. D'ailleurs, il faut
bien le dire, il n'y avait que la France, qui, dans sa
générosité toujours chevaleresque, évoquant sans
grand examen des souvenirs classiques, portât à
la Grèce un intérêt purement subjectif; le reste du
monde, et surtout les Anglais, redoutaient en eux
une concurrence mercantile; l'Autriche, vu sa
proximité, craignait toujours, pour l'assem-
blage incohérent d'états et de nationalités qui
la composait, les brandons insurrectionnels.
Mais autant il convenait peu à la Russie que la
diplomatie prît à cœur la cause de la Grèce,
autant il lui seyait d'attiser dans ce pays le feu de
la guerre civile. On vit alors Alexandre, le boulevard de l'absolutisme, affecter les sentiments
les plus libéraux pour *ces pauvres Grecs;* sous sa
protection une nouvelle hétairie prit naissance à
Vienne et à Saint-Pétersbourg. La première s'était
inspirée de la démocratie, la seconde de Napoléon; celle-ci, relevant du czar, mit en avant le
prétexte religieux : elle déplorait le labarum dé-
chiré par le cimeterre musulman et l'abomination
à laquelle était livrée la maison de Dieu au pouvoir des infidèles. Son but était la propagande
par l'Evangile, et l'établissement sur tous les
points de la Grèce d'une sorte d'enseignement à

la fois politique et religieux; de nombreuses écoles furent fondées; des presses de Didot, trans-
portées dans l'Asie-Mineure et dans la Syrie, servirent à imprimer d'abord la Bible, et bientôt après
les ouvrages de l'antiquité grecque traduits en
langue vulgaire. Cette hétairie, fondée en 1814, s'é-
tait déjà affilié, trois années après, tous les primats
et les principaux klephtes et armatoles de la
Morée et du nord de la Grèce. Les Hellènes, se
croyant sûrs pour cette fois de l'appui d'un puissant souverain, étaient de toutes parts dans une
fermentation extraordinaire, et voulaient voir les
signes de leur prochaine rédemption dans une
foule de faits surnaturels : une image de la Vierge
s'était montrée tout en pleurs, une voix mystérieuse avait parlé aux-moines de l'ordre de
Saint-Bazile; puis c'étaient des îles surgies tout
à coup, ou disparues soudainement, des tremble-
ments de terre, des jets d'eau bouillante. La nature entière semblait s'associer à cette grande
œuvre de réparation. Le czar, cependant, source
principale de toutes ces espérances, était bien
loin de les justifier, et se montrait plus rétif aux
ordres célestes. On l'entendait bien dire « qu'il
ne mourrait pas content, s'il n'avait fait quelque
chose pour *ses pauvres Grecs*, et qu'il n'attendait
pour cela qu'un signal d'en haut; » mais le signal
ne vint pas. Il se borna à encourager l'insurrec-

tion, à en laisser préparer chez lui les éléments, sans y mettre la main, ni permettre même que le nom de la sainte Russie fût officiellement compromis. Cependant, la levée de boucliers eut lieu l'année 1821 dans les principautés danubiennes, c'est-à-dire du côté où soufflait le vent moscovite. Ce fut à l'occasion de la mort subite d'Alexandre Soutzos, hospodar de Valachie. Alexandre Ipsilanti, fils d'un ancien hospodar disgracié en 1806, quitta l'asile qu'il avait trouvé depuis lors à Saint-Pétersbourg, et se porta sur Jassy à la tête de quelques Arnaoutes, publiant partout qu'il était suivi d'une armée russe. L'armée russe n'eut garde de se montrer, le mouvement fut facilement comprimé, et l'imprudent hétairiste, désavoué par ses patrons russes, expia dans les cachots de l'Autriche sa téméraire confiance. Toutefois, le branle était donné, et les esprits tellement montés, que l'insurrection éclata en même temps sur tous les points, en Moldavie, en Epire, dans le Péloponèse et dans l'Archipel, dont les îles armèrent ces légers vaisseaux, qui commencèrent à courir sus aux citadelles flottantes des Turcs.

Désormais, c'était un incendie qui se ravivait même dans le sang qu'il faisait couler, et qui ne devait se terminer que par la perte définitive de la Grèce pour la Porte-Ottomane.

XXXVII

Nous nous sommes attaché à faire ressortir le caractère de la révolution hellénique à cause de l'importance qu'elle acquit dans les affaires de l'Europe en général et dans celles de l'Egypte en particulier. Il faut voir comment la Porte accueillit et supporta ce nouveau coup.

Les armées turques étaient alors aux prises avec Ali de Tébelen, le pacha de Janina, cet Albanais qui avait l'ambition de César dans l'âme d'un forban, et qui depuis plus de trente ans poussait comme un cancer sur le grand corps ottoman. Du rang de simple klephte d'où il était parti, Ali était arrivé à un degré de puissance qui éclipsait celle du grand-seigneur; reconnaissant à peine une suzeraineté, qui était cependant très-peu exigeante, sa domination s'étendait sur toute la côte de l'Albanié, depuis Durazzo jusqu'au golfe de l'Arta; chacune de ses acquisitions, fruit de la violence et de la fraude, avait marqué un nouveau crime dans sa carrière; tour à tour associé aux Turcs contre les brigands,

aux brigands contre les Turcs, flattant les Grecs
de liberté et le sultan de vengeance, allié des Anglais après avoir arboré la cocarde française, après
avoir écrit à Bonaparte, en 1797, qu'il était un
fidèle disciple de la religion des Jacobins, le
féroce Ali ne se faisait humble que pour s'approcher en rampant de sa proie. Retranché dans
la forteresse de Janina, d'où aucune sommation
aucune menace, aucune promesse de la Porte n'a-
vaient pu le faire sortir, il y entassait des trésors
qu'on disait considérables, et qui s'augmen-
taient tous les jours du produit de ses rapines.
C'est ce qui fit sa perte. Le désir de mettre la
main sur tant de richesses décida le sultan à
tourner contre lui toutes les forces dont il pouvait disposer. En mai 1820, il le somma de se
rendre à Constantinople, et sur son refus, le fit
excommunier par le grand muphti. Bientôt une
armée marcha contre lui : elle était commandée
par Kourchid-Pacha, l'ancien vice-roi d'Egypte,
le même que Méhémet-Ali avait jadis chassé du
Caire. Ali de Tébelen, incapable de tenir la campagne, et borné à la défensive dans sa forteresse
de Janina, s'attacha à susciter des ennemis aux
Turcs : on le vit alors appeler les Grecs à l'indépendance, lui qui naguère avait le plus puissamment contribué à l'extermination des Armatoles
de l'Epire, et s'en était fait son plus beau titre de

gloire auprès du divan. Si monstréuse que dût leur paraître cette alliance, les Grecs en eussent avidement embrassé le parti; mais Kourchid, pour la déjouer, communiqua au pacha de Janina une lettre interceptée d'Alexandre Ipsilanti le chef des hétairistes, qui traçait aux capitaines grecs de l'Epire une ligne de conduite propre à leur rendre les offres d'Ali profitables, sans qu'ils le payassent du moindre retour. D'autant plus furieux à cette révélation, qu'il comptait lui-même trahir sa parole vis-à-vis d'eux, Ali rompit avec les principaux chefs, leur refusa les secours qu'il leur avait promis, et accepta la suspension d'armes que lui proposait Kourchid. Mais l'inflexible loi du talion avait prononcé son arrêt : la trahison entourait et débordait celui qui ne fit jamais un pas sans elle, et quand son moment fut venu, on vit cet homme se confier à ses ennemis; il abandonna son château inexpugnable pour se mettre en quelque sorte à leur disposition, et fut traîtreusement assassiné, un jour qu'il abjura la méfiance jusqu'à sortir de ses retranchements.

Cet événement eut lieu au commencement de l'année 1823; dans l'intervalle, l'insurrection grecque avait éclaté; indirectement protégée par la diversion qui résultait de la résistance d'Ali-Pacha, elle eut tout de suite le caractère implacable qui en prolongea si longtemps les abominations. Avec son insouciance ordinaire, le gouvernement turc n'avait point prévu la grandeur du mouvement qui se préparait, ni rien fait pour le prévenir : la couleur religieuse et littéraire, affectée par la nouvelle hétairie, trompa les autorités, qui s'endormirent dans leur sécurité toute musulmane, si bien que de toutes parts les troupes turques attaquées à l'improviste, battues, massacrées par des bandes de klephtes, n'eurent que le temps de se retirer dans les villes fermées du littoral, pendant que les habitants en armes se jetaient dans les montagnes. Mais la réaction fut terrible. Mahmoud, sentant bien que c'était la vitalité même de l'empire qui était en jeu, jura d'exterminer tous les Grecs, plutôt que de laisser déchoir les droits de la conquête et le prestige de la force. Passant d'une extrémité à l'autre, de cette facilité fondée sur le mépris, qui fait le fond de la tolérance islamique, à la proscription générale du nom chrétien, il fit appel aux dernières ressources du fanatisme, et proclama la guerre sainte ; des Tartares furent expédiés dans les parties les plus reculées de l'empire pour stimuler l'indolence des pachas. Comme la religion avait été le premier prétexte, le premier voile à l'ombre duquel ce coup avait été tramé, elle en fut la première victime ; le jour de Pâques de l'année 1821, le patriarche de l'Église d'Orient, d'archevêque Grégoire, fut pendu à Constantinople en habits pontificaux, au milieu d'une populace ivre de sang, et le synode entier livré aux infâmes tortures orientales. Les massacres ne se bornèrent pas à la capitale; ils se répétèrent à Andrinople, à Salonique, à Chypre, à Rhodes, à Candie, dans toute l'Asie-Mineure, et le nombre des victimes s'éleva à plus de trente mille. Ces violences devaient être aussi fatales à la Porte que sa précédente incurie : elles venaient interposer entre les deux peuples un infranchissable fossé de sang, et les Grecs insurgés ne furent pas les moins ardents à le remplir aux dépens de leurs ennemis : en moins de trois années, quatre armées turques furent taillées en pièces par ces redoutables chefs de bandes qui avaient nom Démétrius Ipsilanti, Mauro-Cordato, Colocotroni, Marc Botzaris. Sur mer, les succès des Hellènes furent encore plus décisifs; les Tambusis, les Miaulis, les Canaris lancèrent leurs impitoyables brûlots sur les grosses flottes ottomanes, et les consumèrent en détail, tout en évitant d'en venir jamais sérieusement aux mains.

Le Péloponèse proclama son indépendance le 1er janvier 1822. Malheureusement, ainsi que l'a dit un historien de nos jours, les Grecs avaient encore de plus cruels ennemis que les Turcs : ils avaient leurs dissensions et la diplomatie. Com-

mencée sous les auspices de l'étranger, leur révolution ne pouvait s'achever sans lui. Nous avons vu
avec quelle indifférence le czar avait laissé étouffer l'insurrection en Moldavie, quoiqu'il l'eût
en quelque sorte publiquement encouragée : à
cet égard, il usa de la réserve que pouvait encore s'imposer sa politique. Cette prudence ne
fut plus de mise après les événements de Constantinople ; le massacre des chrétiens, la destruction
de leurs églises, constituaient une violation flagrante des engagements pris par la Porte dans
les traités de 1774, 1792 et 1812. La Russie ré-
clama en effet ; elle rappela son ambassadeur, et
massa des troupes considérables sur le Pruth. On
put croire un instant que la guerre était imminente, d'autant plus que le divan, dans l'état de
surexcitation où il se trouvait naturellement,
opposa avec hauteur une fin de non-recevoir aux
réclamations, prétendant, non sans une apparence de raison, qu'il avait le droit de réprimer
la rébellion comme il l'entendait sur son territoire, que les individus sur lesquels sa justice
s'était appesantie n'étaient autres que des rebelles ; qu'en conséquence, il demandait, sous
forme reconventionnelle, que ceux des insurgés
réfugiés sur les territoires russes et autrichiens
lui fussent livrés, remettant, après cette satisfaction, d'exécuter loyalement les traités.

La Russie a habitué le monde à tirer l'épée pour des motifs bien moins sérieux que ceux-là; il n'en fut rien cependant cette fois, grâce à l'influence de la diplomatie sur Alexandre, mais grâce surtout à une intuition particulière qui disait à ce monarque que l'Orient n'étant pas encore mûre pour la domination moscovite, la révolution grecque, s'il la prenait en main, courrait grand risque de lui rester sur les bras. La diplomatie européenne, qui commençait à ressentir les embarras légués par le congrès de Vienne, se voyant désormais condamnée, pour cette grave question, à un empyrisme d'où rien de stable ne pourrait jamais sortir, affectait de grandes craintes pour la propagande révolutionnaire : au fond, elle ne craignait autre chose que la rupture de cette digue, qu'on nomme l'empire ottoman, et qui, quelque lézardée qu'elle fût, devenait la seule sauvegarde de l'Occident contre le Nord. Aussi, fut-ce à partir de ce moment que l'intégrité de cet empire, qu'on avait affecté jusque-là d'écarter des stipulations diplomatiques, entra victorieusement dans le droit politique européen, pour en devenir plus tard la base et le pivot.

C'était une rude tâche que la diplomatie entreprenait là. Il lui fallait à la fois lutter contre l'intérêt populaire, qui s'attachait aux héroïques efforts des Hellènes, et contre les nécessités irréfragables de mort subies par ce colosse qui oscille depuis un siècle pour savoir de quel côté il doit tomber. Nous aurons l'occasion de voir, d'ici à la fin de cette histoire, comment tous ses efforts furent successivement déjoués par les événements, et comment, de succès en succès, elle en est arrivée à abdiquer définitivement entre les mains de la *force*, son œuvre de consolidation.

En cette circonstance, le premier avantage de la diplomatie, réunie extraordinairement au Congrès de Vérone, fut d'empêcher une rupture entre la Russie et la Porte, et de décider Alexandre à laisser Turcs et Grecs s'arranger comme ils le pourraient, ce à quoi, comme on vient de le voir, il était assez disposé. Metternich et Nesselrode eurent donc peu de peine à lui faire voir dans le soulèvement de la Grèce, « *une des têtes de l'hydre révolutionnaire.* » On alla jusqu'à interdire à Métaxas, porteur des vœux helléniques, l'entrée du Congrès ; mais on invita très-courtoisement le grand-seigneur à y envoyer un représentant, offre qu'il déclina avec la superbe orientale. En ayant l'air de céder à l'intérêt général de l'Europe, le czar s'en prévalut auprès des souverains alliés, comme pour poser des réserves futures. Il disait à Chateaubriand, le négociateur français : « Il ne peut plus y avoir de politique anglaise, française ; il faut adopter une politique générale pour le salut de tous; il faut qu'elle soit acceptée par les peuples et les rois. C'est sur ces principes que j'ai fondé la Sainte-Alliance. Le soulèvement de la Grèce est une belle occasion, et la guerre religieuse contre les Turcs paraîtrait conforme à mes intérêts et à l'opinion de mon pays; mais j'ai cru apercevoir dans les troubles du Péloponèse l'empreinte révolutionnaire, et je me suis abstenu aussitôt. »

Nous avons dit que les Grecs eux-mêmes contribuaient à faire péricliter leur cause. Leurs déplorables dissensions, l'impossibilité où ils se trouvèrent d'organiser un gouvernement régulier dans la Morée, après en avoir chassé les Turcs, furent les principaux arguments mis en avant dans le Congrès pour leur ôter l'intérêt de la politique. Ces débats diplomatiques, dont leur sort était l'objet, avaient parmi eux un retentissement plus funeste encore, en ajoutant comme une sanction patriotique aux haines et aux rivalités personnelles. Fort heureusement pour les Hellènes, leur constance et leur héroïsme, se détachant avec vigueur sur la trame de barbarie et de brigandage qui constituait au fond leur révolution, suffit à ranger de leur côté l'opinion publique, qui trouvait encore là l'avantage de faire pièce à ses gouvernements. L'exemple donné par lord Byron était devenu contagieux; des comités philhelléniques se

formèrent partout, en France, en Allemagne, en
Angleterre, en Suisse; enfin un emprunt de
800,000 livres fut négocié à Londres le 21 février 1824. Ces manifestations étaient le salut de
la Grèce : elles exercèrent sur la politique de
l'Europe une pression irrésistible, qui ne permit
pas de laisser étouffer la révolution grecque sous
l'étreinte puissante de Méhémet-Ali.

XXXVIII

Car c'est à cette époque que retentit pour la
première fois le nom du vice-roi d'Égypte en
Europe. Lors du massacre des Grecs dans tout
l'empire, Méhémet-Ali reçut, comme les autres
pachas, un firman qui lui ordonnait de procéder à
l'acte d'extermination; l'histoire lui doit la justice de reconnaître qu'il n'y souscrivit point, et
qu'au lieu de profiter de la latitude que lui laissaient les instructions homicides du divan, il
s'attacha au contraire à réprimer la fureur de
quelques fanatiques, qui voulaient exciter des
troubles à la faveur de cette circonstance. Il
continua d'accorder aux Grecs, comme par le

passé, une bienveillante protection ; leur commerce ne reçut pas la plus légère atteinte, aucun
d'eux ne fut déplacé de l'emploi qu'il occupait, et
des familles entières, échappées à la mort en fuyant
leur patrie, trouvèrent sur les bords du Nil une
généreuse hospitalité. Nous savons bien qu'on
pourrait rendre hommage de cette conduite plutôt
à la politique de Méhémet-Ali qu'à son humanité,
et y voir un calcul conforme aux idées d'indépendance dont il était déjà possédé ; cependant,
dans la position où se trouvait le vice-roi, il en est
peu qui eussent hésité à mettre en pratique au
moins la partie de ses ordres qui avaient trait aux
confiscations à exercer sur les proscrits, d'autant
mieux que ses finances étaient en assez mauvais point, et qu'il devait bien prévoir que dans
ce nouvel embarras, comme dans les précédents,
la Porte ne tarderait pas à réclamer le secours de
son bras. Cette réquisition se fit cependant attendre ; soit méfiance des dispositions du pacha,
soit confiance exagérée dans la valeur de ses troupes, dans le mérite de ses généraux, il fallut que
le sultan Mahmoud eût vu trois de ses armées et
tout autant de flottes couvrir de leurs débris la
terre et les eaux de la Grèce, avant de recou-
rir manifestement à son vassal ; ce qui n'empêcha point que dès le commencement de 1821,
il ne lui fit transmettre l'ordre d'armer une

flottille, et de l'envoyer rejoindre l'escadre turque, mouillée aux Dardanelles : mais c'était plutôt pour s'assurer de ses intentions que comme concours effectif. Cette flottille se composa de seize navires de toutes grandeurs, bien armés et approvisionnés; elle mit à la voile le 10 juillet 1821, sous les ordres d'Ismaïl Agâ, ayant à bord huit cents hommes de débarquement commandés par Topouz-Oglou. Quelques mois après, Méhémet-Ali reçut avis de Constantinople que ses bâtiments devaient retourner à Alexandrie pour s'y ravitailler et prendre de nouvelles troupes, à l'effet d'aller renforcer les Turcs de Candie, qui se faisaient battre par les insulaires. Pour mieux l'intéresser au service réclamé, le sultan l'investissait du commandement militaire de l'île. Méhémet-Ali, dans l'espérance que ce commandement provisoire se changerait en possession définitive, mit le plus grand zèle à exécuter ses nouvelles instructions. Aussitôt que sa flottille, unie à celles d'Alger, de Tunis, de Tripoli, et à trois frégates turques, eut été signalée, il partit lui-même de Choubra, et vint surveiller l'embarquement de deux mille hommes, qui se tenaient prêts à Damiette, sous le commandement de Salè-Bey, son ancien seligdar.

Au printemps de 1823, les Turs voulurent tenter un effort suprême pour arracher le Péloponèse

aux révoltés; cent mille hommes entrèrent en
campagne, et quatre-vingt dix-huit voiles sorti-
rent de l'Hellespont : mais ces forces formidables
vinrent se briser, une quatrième fois, contre la
valeur des Hellènes. Miaulis tint en respect avec sa
flotte celle des Ottomans, qui, décimée par la
peste, rentra dans les Dardanelles sans avoir lâché
une bordée. Colocotroni battit les Turcs dans la
Phocide, et Marc-Botzaris, nouveau Léonidas, prit
deux cents Souliotes, alla attendre Mustapha,
pacha de Scodra, à Karpenitzi, et lui tua trois mille
hommes. Il perdit la vie avec cent des siens;
mais il sauva sa patrie en empêchant la jonction
de cette division turque avec les deux autres,
descendues de Larisse. Partout les Ottomans
étaient en retraite : Missolonghi, Corinthe, Napoli
de Romanie étaient tombées au pouvoir des insurgés. Le sultan, dont la constance luttait seule au
milieu du découragement général, ne voyait plus
autour de lui que des visages dont la tristesse res-
pirait la trahison; les pachas cherchaient à éluder
ses ordres, les janissaires refusaient d'aller combattre sur cette terre dévorante. L'orgueil de
Mahmoud fut obligé de plier ; il ne lui resta plus
qu'à s'adresser à la diplomatie, dont il avait reçu
les avances conciliatrices avec tant de hauteur.
Mais la diplomatie jugea la situation beaucoup
plus désespérée qu'à l'époque où elle avait voulu

officieusement s'entremettre. Ce fut alors, dit-on, qu'elle suggéra au grand-seigneur l'idée de mettre aux prises les Grecs et Méhémet-Ali, de façon que quelque fût l'issue de la lutte, elle lui procurât au moins l'avantage de voir un de ses deux ennemis terrassé. Cette politique est trop habituelle à la Porte-Ottomane, pour qu'il y ait lieu de croire qu'elle n'en ait pu trouver l'idée dans ses propres inspirations; comme nous l'avons dit, si elle ne la mit pas plus tôt en pratique, ce fut sans doute par la difficulté d'amener à point la résolution du Rouméliote, ou de l'acheter à un prix qui ne fût pas trop onéreux.

XXXIX

Mais là où la diplomatie servit incontestablement la Porte, ce fut en empêchant Méhémet-Ali de se déclarer indépendant; car il en avait depuis longtemps le projet, et, ce n'était point en vain, depuis que cette guerre calamiteuse avait pris naissance, qu'il faisait des préparatifs formidables : ce n'était point non plus positivement dans le but de venir en aide à son suzerain. Aurait-il pu jamais espérer un moment plus favorable pour lâcher la bride à cette ambition? Tandis qu'il n'avait cessé depuis son avènement de croître en force et en puissance, la Porte semblait être parvenue au plus bas échelon auquel il lui fût permis de descendre. Si Méhémet-Ali se laissa arrêter par quelque appréhension, ce ne fut pas celle que lui inspira son légitime souverain : de ce côté, son assurance était sans bornes, et ces troupes du Nizam, dont il ne pouvait bien apprécier la valeur, ne les ayant pas encore vues à l'œuvre, il les aurait sans balancer engagées contre toutes les forces de l'empire ottoman. Mais on conçoit qu'il lui importait que l'Europe ne se mêlât point de la querelle, et c'est ce dont la diplomatie lui laissa entrevoir la probabilité, si ce n'est même la certitude. Il eût été cependant bien difficile que les puissances s'entendissent sur cette nouvelle phase de la question d'Orient; elles l'ont bien montré depuis lors, et si le Rouméliote eût eu, en 1824, l'expérience des diplomates, comme il l'acquit ultérieurement, il ne se serait pas cette première fois arrêté en si beau chemin, ce qui impliqua pour lui, comme nous le verrons dans la suite, la nécessité de reculer chaque fois qu'il se fût trop avancé.

On persuada à Méhémet, ou il se persuada lui-même, qu'il arriverait à son but par une voie plus lente, mais plus conforme à sa condition de vassalité, et surtout moins sujette à donner lieu à des complications politiques. Il mit à son assistance la condition d'administrer les régions que son épée ferait rentrer sous la loi du croissant. Par suite d'exigences analogues, le grand-seigneur lui avait déjà donné, au même titre, les districts arabiques, le Sennâr, et tout récemment le pachalik de Candie. C'était une autre façon de laisse choir son autorité, et le sultan ne s'y résolut qu'à la dernière extrémité, alors que ses ressources immédiates se trouvèrent épuisées, et qu'il se fût en vain adressé aux plus énergiques soutiens de la légitimité en Europe. Mahmoud, dont la fierté s'indignait surtout de courber le front devant la révolte, accepta les conditions du prince égyptien : le 16 janvier 1824, Méhémet-Ali reçut le firman, qui le conviait à l'extermination des rebelles et investissait son fils Ibrahim, mis à la tête de l'armée expéditionnaire, du titre de pacha de Morée.

XL

Le 10 juillet suivant, une escadre forte de soixante-trois vaisseaux et de cent transports de toute nation, excepté le pavillon français, mit à la voile du port d'Alexandrie : elle portait dix-sept mille hommes d'infanterie régulière, huit cents chevaux, quatre compagnies de sapeurs, une artillerie de siége et de campagne. Ibrahim, dans l'intention de faire sa jonction avec le capitan-pacha, mit le cap sur Rhodes. Le plan d'une victoire navale, préludant à l'invasion de la Morée, souriait à son impatiente ardeur; il devait d'autant plus se la promettre de ces forces imposantes, qu'elles n'auraient affaire qu'à des bricks bon voiliers, mais dont les plus gros n'étaient armés que de trente canons d'un médiocre calibre. Telles étaient les seules ressources maritimes des Grecs; mais elles étaient mises en œuvre par des hommes dont l'habileté et le courage déjouèrent encore une fois les calculs de leurs ennemis. Miaulis, l'amiral grec, qui ne disposait que d'environ cinquante voiles, n'avait pas attendu l'arrivée de la flotte égyptienne pour attaquer le capitan-pacha; le 15 août, dans le canal de Samos, il lui avait incendié deux frégates et une corvette, capturé une vingtaine de transports, et l'avait poursuivi jusque dans le golfe d'Halicarnasse. C'est là que le capitan-pacha fut rallié le 26 août par la flotte égyptienne. Miaulis ne tint aucun compte de la supériorité du nombre; le 5 septembre, il lança cinq brûlots en avant. A la vue de ces machines incendiaires, les Turcs, qui en connaissaient par expérience les terribles effets, perdent toute contenance, et plusieurs de leurs vaisseaux vont s'échouer à la côte. Canaris engagea le beaupré de son brûlot dans les sabords de la frégate qui portait le pavillon amiral, et la détruisit par les flammes. Beaucoup d'autres vaisseaux ayant eu le même sort, le reste de la flotte ottomane chercha son salut dans la fuite. Les Egyptiens, que protégeait leur ignorance des brûlots de Canaris, soutinrent encore quelque temps le combat, mais furent obligés de l'abandonner en désordre, poursuivis sans relâche par Miaulis, qui leur enleva devant Candie leur plus belle frégate et cinq transports chargés de deux mille soldats. Cet échec retarda de plusieurs mois le débarquement d'Ibrahim en Morée; quand il reprit la mer, Miaulis se disposa à l'empêcher de nouveau, et y serait sans doute parvenu, si ses marins n'eussent refusé de se battre avant d'avoir touché l'arriéré de leur solde. Pour satisfaire à leurs exigences, il fallut faire retourner l'escadre à Napoli de Romania, et Ibrahim profita du répit pour passer. Le 16 février 1825, il débarquait à Môdon avec toute son armée.

L'embarras où s'était trouvé l'amiral grec, et l'inaction qui en fut la suite, n'étaient qu'un des mille épisodes du désordre et des dissensions qui régnaient dans l'état nouvellement émancipé. Tous ces chefs suscités par l'enthousiasme de la résistance, et qui faisaient merveilles à la tête de leurs bandes, se croyaient aptes au gouvernement; ils se jalousaient entre eux, et ne parvinrent pas à s'entendre, même en se partageant le commandement. Dès les premiers succès obtenus par les Hellènes, il s'était passé ce qui arrive dans toute révolution, le nombre des vainqueurs était devenu considérablement supérieur à celui des combattants; les hommes de discussion voulurent succéder aux hommes d'action, s'adjugeant le restant de la tâche, mais aussi la totalité des bénéfices à venir : de là deux partis assez nettement dessinés, le parti de la guerre, composé des chefs militaires, et celui des politiques, qui était en rapport avec les comités philhelléniques, et maniait les masses par le côté constitutionnel. Dans l'intervalle des invasions turques, ces deux

partis en venaient aux mains, et créaient à la
Grèce une situation relativement plus désastreuse
que ne le faisaient les armes ottomanes. Les politiques étaient les seuls qui eussent quelques
idées d'administration, et à la faveur du premier
emprunt négocié à Londres, ils réussirent à prendre
le dessus sur leurs adversaires, à les exiler du
pouvoir, voire même à les mettre sous les verrous.
Quoique toute la popularité fût acquise aux hommes qui avaient fait leurs preuves dans la guerre,
le peuple se consolait volontiers de leur os-
tracisme, tant que le territoire n'était point menacé par l'ennemi, et que le gouvernement ne lui
demandait pas de subsides. Au commencement
de 1824, Couduriotis, investi du pouvoir exécutif,
s'efforçait, non sans habileté, à maintenir un peu
d'ordre dans le gouvernement; mais les disputes
ne tardèrent pas à renaître, par suite des ap-
préhensions que causait la perspective d'une invasion de l'armée égyptienne; elles empêchèrent
qu'aucuns préparatifs fussent faits pour la repousser. Or, de cette campagne devait résulter
le sort définitif de la Grèce, car, tandis qu'Ibrahim
débarquait dans le sud de la Morée, une puissante armée, sous les ordres de Reschid-Pacha,
s'avançait par la Thessalie, la Livadie et l'Arca-
nanie.

La manière de combattre des Grecs n'eut

rien de plus habile que celle des Turcs, n'eussent été une constance et un enthousiasme inspirés par l'héroïsme des chefs. C'est certainement tout ce qu'il faut pour perpétuer une guerre de partisans, dans un pays montagneux, contre les plus belles armées du monde et les mieux commandées : l'histoire en a offert de nombreuses preuves ; mais quand les chefs n'ont pas cette influence électrisante sur des troupes qui pèchent par l'organisation, chacune de leurs rencontres devient une défaite. C'est ce qui advint de tous les efforts de Conduriotis pour s'opposer aux progrès d'Ibrahim, et cela avec d'autant plus d'infaillibilité, que le général égyptien commandait à une armée disciplinée, et bien supérieure, en qualité, à tout ce que les Turcs avaient pu montrer aux Hellènes. Conduriotis eut beau, avec plus de courage et de présomption que de sagesse, se faire investir du titre de généralissime, et appeler tous les Moréotes à la défense de la patrie, il ne réussit même pas à imprimer une certaine unité de direction aux soldats qu'il avait sous les armes. Les Moréotes restèrent dans leurs foyers, et les Grecs, chassés de montagne en montagne par les milices égyptiennes, devinrent les tristes victimes de massacres sans combat. Conduriotis crut alors que le moment était venu de tirer Colocotroni de sa prison, et que le prestige du nom de ce vieux klephte rendrait du cœur au Péloponèse défaillant : mais il était trop tard. Ibrahim, déjà maître de toute la côte, ne pouvait plus rencontrer d'obstacles sérieux à sa marche. A la fin de 1825, toutes les villes de la Morée étaient entre ses mains, à l'exception de Napoli de Romania, où se renferma Démétrius Ipsilanti.

Dans le Nord, les affaires des Grecs n'avaient pas mieux prospéré. L'Attique et la Béotie étaient les seules provinces qui fussent demeurées libres; le reste avait été envahi par les troupes de Reschid-Pacha. Le destin de la Grèce occidentale semblait attaché à celui de Missolonghi, qui continuait sa résistance désespérée. Irrité de la longueur du siége, Mahmoud avait envoyé à Reschid-Pacha un capidji-bachi, porteur de cet ordre laconique : « Missolonghi ou ta tête. » Le visir s'étant convaincu par deux assauts furieux et sans succès, qu'il ne parviendrait pas à s'emparer de la place, supplia Ibrahim-Pacha d'accourir à son secours. Justement celui-ci venait de recevoir d'Egypte des renforts importants en hommes et en matériel, conjointement avec une lettre du sultan, qui lui ordonnait de marcher sur Missolonghi, au cas où il en serait requis par Reschid-Pacha. Ibrahim prit dix mille hommes et cinq cents chevaux, et s'en vint compléter l'investissement de la place, ce que les Turcs n'avaient pas eu l'idée de faire depuis qu'ils l'assiégeaient. Miaulis cependant eut le temps de glisser un convoi de vivres dans le port : mais ce fut le dernier. La capture opérée par Ibrahim, de quatre îlots fortifiés, qui commandaient les approches maritimes de Missolonghi, trancha le nœud de la difficulté. Réduits bientôt à une horrible famine, la garnison et les habitants donnèrent l'exemple d'un sublime courage en s'ensevelissant sous leurs décombres, et ne permettant au croissant de flotter que sur un immense amas de ruines et de cadavres.

La chute de Missolonghi entraîna celle d'Athènes et de toute l'Hellade. Ibrahim retourna dans le Péloponèse, fort irrité des pertes énormes qu'il avait faites durant le siége ; il fit, en manière de représailles, subir à ce pays des atrocités qui distancèrent considérablement celles commises autrefois par les Turcs et par les Albanais. Ce qui excitait particulièrement son courroux, c'était l'insolence de ces bandes de kleptes, qui, fuyant toujours devant ses bataillons, venaient lui enlever ses convois et ses avant-postes jusqu'aux abords de son camp ; ne pouvant les saisir, il ravagea le pays pour se venger, arracha les oliviers, brûla les moissons et massacra les habitants désarmés. Le sentiment public s'indigna en Europe de cette guerre de cannibales, et il s'exprima assez hautement pour forcer la main aux gouvernements qui s'étaient, jusque-là, le mieux montrés en faveur des Turcs. Les excès du pacha égyptien hâtèrent donc l'issue des affaires de la Grèce, mais dans un autre sens que celui dont il avait pu se flatter.

Pendant toute cette série de désastres, les Grecs avaient persévéré dans leurs mortelles divisions; à l'assemblée d'Egine, Colocotroni opposait l'assemblée nationale d'Hermione. Maurocordato, habile dans l'intrigue, suggérait l'idée de se mettre sous la protection de l'Angleterre, « qui n'avait, disait-il, jamais soutenu le croissant contre la croix. » Il oubliait, sans doute, la vente de Parga à Ali de Tébelen, et tout récemment encore, le secours prêté par les armateurs anglais aux troupes expéditionnaires de Méhémet-Ali. Le chef hellène ne parlait pas non plus du second emprunt de deux millions de livres contracté à Londres, à l'énorme taux de 55 1/2 p. 0/0. Un peuple qui prête à un autre, dans un pressant besoin, à de pareilles conditions, lui rend peut-être encore service; mais, à coup sûr, ce n'est pas le désintéressement qui le guide.

Grâce aux efforts des Philhellènes étrangers, français et anglais, un rapprochement se fit entre les deux partis qui scindaient le congrès national; il était bien temps! La Grèce n'avait plus qu'une ville où son drapeau pût librement se déployer ; cette ville était Napoli de Romania : le siége du gouvernement y fut transféré. Mais, tant il demeura certain que les Grecs ne pouvaient s'entendre qu'à la condition d'enchaîner leur libre arbitre ! ils se jalousèrent trop pour se confier réciproquement aucune magistrature, aucun poste important ; leur choix tomba sur des étrangers, en dépit des uns et des autres, et la présidence fut déférée pour sept années à Capo d'Istrias, dont les accointances avec la Russie n'étaient point douteuses. La Grèce avouait en quelque sorte son impuissance à achever seule l'œuvre de son émancipation.

XLI

Vers cette époque, deux grands événements lancèrent la politique de l'Orient dans une nouvelle voie, et réagirent puissamment sur le sort des Hellènes ; le premier fut la mort d'Alexandre, czar de Russie, arrivée inopinément le 25 décembre 1825 ; le second, le massacre des janissaires, consommé par ordre de Mahmoud le 15 juin 1826.

La politique de la Russie est attachée à des principes tellement irréfragables, qu'ils brisent les hommes qui veulent s'en écarter, et que les souverains mêmes de ce pays, tout absolus qu'ils soient, paient ordinairement de leur vie la moindre concession à un système opposé. Sans chercher à éclaircir ici la fin mystérieuse du fondateur de la Sainte-Alliance, nous constaterons que son successeur Nicolas chercha immédiatement à donner une satisfaction à l'esprit public de son peuple, en se préparant à intervenir par la force des armes dans la dispute des Turcs et des Grecs. Mais aussitôt l'Europe prit l'alarme; sentant bien qu'elle ne pourrait mpêcher cette inter vention, elle voulut s'y associer et la régler. Le duc de Wellington fut envoyé à Saint-Petersbourg, et de ses conférences avec le czar, il résulta que celui-ci ne s'interposerait que pour *réconcilier* les insurgés avec la Porte. En présence des faits accomplis, le mot était un cruel sarcasme, ou une bien lourde bévue; il révélait un profond mépris pour les maux de cette guerre, dans laquelle, des deux côtés, on s'était interdit la pitié, ou une grande ignorance de la nature des liens que les Grecs s'étaient efforcés de rompre. C'était, en effet, la première fois que la diplomatie occidentale avait à s'immiscer dans les affaires intérieures de la Turquie; et cette circonstance était plus que suffisante à expliquer son erreur.

En revanche, la Porte avait à s'initier aux
subtilités diplomatiques; entre le fait de la révolte
et son droit de l'étouffer, elle ne saisissait aucun
compromis possible, et quant à ce qui était d'admettre les Grecs à stipuler, elle le repoussait énergiquement. Elle consentait bien, par déférence
pour la Russie, à renouveler ses anciens traités
avec cette puissance, à respecter les priviléges de
la Moldavie et de la Valachie, à reconnaître l'indépendance des Serviens, à protéger enfin l'Eglise
grecque dans toute l'étendue de son empire; mais
elle voulait les Grecs rendus à discrétion. Cette
tenacité, propre à la politique et à la loi musulmanes, empruntait une force nouvelle au caractère de Mahmoud, prince altier, implacable, dans
l'âme duquel les plus fiers instincts de la race
d'Osman s'étaient réfugiés, et qui était appelé, par
la fatalité de l'histoire, à ressentir le plus vivement les coups portés à l'empire, au moment où
ces coups se multipliaient dans une rapidité que
nulle puissance humaine ne pouvait conjurer. Dès
l'instant que ces dispositions du prince ne pouvaient être utilisées pour la prospérité de l'empire, elles devaient lui être plutôt nuisibles, car
elles l'entraînaient dans des entreprises d'une violence pour ainsi dire supérieure à son tempé-
ramment. C'est ce qui arriva à l'occasion des janissaires, dont la destruction, méditée par Mah-

moud depuis son avènement au trône, résulta d'un
mouvement de colère, et eut lieu dans une circonstance tout à fait inopportune. Les succès d'I-
brahim, en Morée, rapprochés des défaites essuyées
par ses propres troupes dans le même pays, excitè-
rent le dépit de Mahmoud, et lui firent prendre la
résolution définitive d'organiser son armée à l'européenne ; il donna ordre de tirer cent cinquante
hommes de chacune des cinquante compagnies
de janissaires, et d'en former des régiments. Cette
déclaration, portée aux officiers par l'intermédiaire du grand muphti, — qui était gagné à la
cause du sultan, — fut d'abord acceptée par eux
sans trop de murmures ; ils consentirent à recevoir des fusils à baïonnettes avec des uniformes;
mais bientôt les marmites furent renversées (1),
et la révolte gronda dans Constantinople. Mahmoud avait prévu ce cas extrême; rassemblant
auprès de lui les troupes qui lui étaient demeurées fidèles, il les fit bénir par le muphti, qui, pour
cette occasion, rendit un fetwa prescrivant la sortie
du sandjakchérif (2), et leur ordonna de courir
sus aux janissaires, barricadés dans leur caserne
de l'Atméïdan. La résistance de ceux-ci fut de
courte durée, et bien au-dessous de ce que devait

(1) Usage qui était, chez les janissaires, le premier signal de l'insurrection.
(2) Etendard du Prophète.

faire présager la réputation de cette célèbre milice; trois pièces de canon eurent raison des portes, et peu après un horrible incendie enveloppa et consuma tous ceux que le fer et la mitraille n'atteignirent point. Quatre mille janissaires, dit-on, perdirent la vie dans cette journée, et vingt-cinq mille eurent le même sort les jours suivants; mais il faut faire, à ce qu'il paraît, dans ce rapport, la part de l'exagération naturelle aux Turcs, et de celle qui rentrait dans les vues de terrification du gouvernement. Quoi qu'il en soit, dès le lendemain, un hatti-cherif prononça l'abolition définitive de cette milice, qui avait duré cinq siècles.

L'erreur de Mahmoud fut celle des médecins qui saignent à blanc, pour enlever radicalement une cause de maladie. La farouche valeur des janissaires avait fondé la gloire du croissant, et lors même que leur vieille renommée eût reçu de si profondes atteintes sur les champs de bataille, ils étaient restés, aux yeux de la population, aussi bien qu'en réalité, le plus sûr bouclier de l'empire contre l'attaque extérieure; les supprimer tout d'un coup, sans leur rien substituer, c'était trop affaiblir le malade, pour nous servir d'une expression employée de nos jours par une bouche illustre. Mahmoud ne tarda pas à s'apercevoir désormais que l'empire était reduit à

ne plus vivre de lui-même, et que des forces arti-
ficielles, c'est-à-dire prises en dehors de son organisation propre, pouvaient seules prolonger son
existence.

XLII

Cependant les dévastations des Égyptiens en
Morée avaient eu dans le monde un douloureux
écho; les gouvernements de France et d'Angleterre, voyant l'opinion publique acquérir sur
ce sujet une force et une unanimité redoutables;
pénétrés, d'un autre côté, de la crainte de laisser
agir seule la Russie, et dans des conditions à
son avantage exclusif, pressèrent celle-ci d'en
venir à une commune entente. Elles signèrent
donc, conjointement avec le czar, un traité (6 juillet 1827) ayant pour but de mettre un terme à
une lutte considérée comme généralement nuisible aux intérêts de l'Europe. Le délai d'un mois
était accordé à la Porte pour accepter cette médiation pacifique, passé lequel il serait passé outre,
et la paix assurée au besoin par la force. Jamais
la diplomatie, toujours en peine de voiler les motifs et les intérêts sous des artifices de langage,

n'avait eu lieu de formuler un traité aussi extraordinaire ; c'était la première fois qu'on voyait des
rois se liguer pour un objet si contraire au principe
qui faisait leur force; et puis, ce souci de la paix,
porté jusqu'à la guerre, dissimulait mal des intentions diamétralement opposées à celles qui étaient
mises en avant : conclu finalement en faveur des
Grecs, le traité ne disait pas un mot de leur nationalité qu'il tendait à établir, tandis qu'il osait à peine
menacer les Turcs, quand il visait à leur ruine. Les
Grecs acceptèrent volontiers cette tacite reconnaissance de leur indépendance. Le seul moyen qui res-
tât à la Porte d'en atténuer les conséquences eût été
d'y adhérer; mais aveuglé par un sentiment d'indignation, le sultan ne voulut entendre parler d'aucune transaction. Le 25 septembre, les puissances
avaient obtenu un armistice d'Ibrahim-Pacha,
sous la réserve, posée par celui-ci, d'en référer à
Constantinople. Le divan lui répondit par l'in-
jonction formelle de reprendre les hostilités.

Dans les derniers jours du mois d'août, les escadres turques et égyptiennes parurent sur les côtes
de Morée ; celle de Méhémet-Ali s'était augmentée
d'un nouvel envoi de quatre-vingt-douze voiles,
et était ainsi composée : deux vaisseaux de ligne
de 84 canons, douze grosses frégates dont quel-
ques-unes portaient 65 bouches à feu, trente-sept
corvettes, goëlettes ou brulôts, quarante-un trans-

ports. Les derniers venus avaient à bord le 10e régiment d'infanterie, formant 4,000 hommes, et des
sommes considérables en espèces pour payer
l'arriéré de la solde et la tenir au courant. Le 21
septembre, l'escadre française, commandée par
l'amiral de Rigny, rallia devant le port de Navarin l'escadre anglaise, aux ordres de Codrington.
La flotte russe ne parut que le 18 octobre. Les
navires turco-égyptiens, couverts par les batteries
de la côte, étaient rangés en croissant autour de
la baie. Le 20, les alliés s'avancèrent sur deux
lignes, l'une formée par les Anglais et les Français, l'autre par les Russes. A deux heures, les
Anglais franchirent la barre, et vinrent mouiller
par le travers des Turcs ; un moment plus tard,
les Français prirent position au milieu des Egyptiens ; les Russes, bientôt après, s'embossèrent à
portée des vaisseaux ennemis qui se trouvaient
sous le vent. Tous ces mouvements s'accomplirent en silence et sans aucune apparence d'hostilité ; mais si personne ne voulait commencer
l'action, tout le monde s'y tenait préparé. Une
demi-heure se passa dans cette attente. Soit hasard, soit préméditation, un canot britannique se
heurta à un brulôt turc, et lui enjoignit de s'é-
loigner ; l'ordre n'ayant pas été suivi d'effet, l'aspirant qui commandait l'embarcation chercha l'a-
bordage : un coup de feu partit du brulôt, et le

frappa; aussitôt la frégate dont il était détaché exécuta, pour le venger, une vive fusillade ; sur quoi un vaisseau turc lâcha un coup de canon qui atteignit la *Syrène*, portant pavillon de l'amiral de Rigny. La *Syrène* riposta par le feu de toute sa bordée, et dès lors l'action devint générale. Les flottes musulmanes se battirent avec courage; mais que pouvaient-elles contre la science et la manœuvre européenne? Au bout de quatre heures de lutte, elles avaient cessé d'exister; les carcasses de leurs vaisseaux avaient glissé au fond des abîmes, et les débris de grément couvraient la surface de la baie. Pas un de ces navires ne tomba au pouvoir des alliés; ceux qui ne sombrèrent pas sous le canon ennemi, furent brûlés par leurs propres équipages ou sautèrent banderolles déployées. La perte des Anglais et des Français fut égale, et ne dépassa pas deux cents hommes hors de combat; les Russes en eurent encore moins. Quant aux Musulmans, ils perdirent six mille des leurs, outre leur matériel.

La bataille de Navarin ne doit être certainement attribuée qu'au funeste entêtement de la Porte-Ottomane ; mais, bien que les trois puissances alliées y prirent une part égale, le fait, comme la présomption, en rejette la plus grande responsabilité sur l'Angleterre, qui n'a jamais perdu l'occasion de détruire une flotte rivale. En cette circonstance, son instinct l'entraîna pourtant au delà de ses intérêts bien entendus; car la puissance navale des Turcs était le seul contrepoids possible aux Russes dans la mer Noire. Après l'événement, qui apparaît au total comme le résultat d'un accès de mauvaise humeur, les hommes sérieux, en France et en Angleterre, en sentirent toute la portée et le déplorèrent amèrement; les gens superficiels de l'un et l'autre pays eurent la sottise d'y voir un brillant fait d'armes et d'y applaudir. On prête à Méhémet-Ali, à l'occasion de ce désastre qui l'atteignait si rudement, un mot dont nous ne garantissons pas l'authenticité, mais qui peint bien fidèlement la situation : « Je ne « comprends pas, aurait-il dit, que les Français « aient tiré contre leurs vaisseaux. » Ce qu'il y a de certain, c'est que le vice-roi apprit avec une résignation stoïque la perte de cette flotte, fruit de tant de sacrifices et de privations; sans accablement ni colère en apparence, — et l'un et l'autre devaient être terribles dans son for intérieur, — songeant tout aussitôt à réparer cette énorme brèche faite à l'édifice de sa puissance, il continua, comme par le passé, d'entretenir les relations les plus amicales avec les consuls européens, à entourer leurs nationaux de la même protection.

XLIII

La bataille de Navarin marquait le terme des efforts de la Turquie pour conserver la Grèce, et en établissant la séparation de ce pays de l'empire ottoman, elle le soustrayait au grand problème du règlement définitif des affaires d'Orient. Les circonstances ultérieures de l'émancipation des Hellènes n'offrent plus donc qu'un intérêt très secondaire, et nous ne nous en occuperons plus qu'autant qu'elles pourront encore concerner l'Egypte et Méhémet-Ali.

Après la perte de sa flotte, Ibrahim n'avait plus à attendre aucun secours par mer, et, bien que les amiraux alliés, en réponse à ses plaintes amères, l'eussent assuré que cette *bataille était le résultat d'une simple méprise, et qu'ils n'en restaient pas moins bons ami des Turcs*, la seule chose qui demeura évidente pour le général égyptien, c'est que tous ses convois maritimes seraient désormais interceptés. Il se résigna donc à restreindre son occupation dans la Péninsule, et ordonna à Soliman-Bey (Sèves), qui occupait Tripolitza, de détruire les fortifications de cette ville, et de venir le rejoindre : lui-même concentra ses troupes dans l'espace de quelques lieues carrées embrassé par Môdon Kôron et Navarin, et les répartit entre plusieurs camps retranchés. Là, les vivres ne tardèrent pas à lui manquer. Les Hellènes, de vaincus qu'ils étaient, s'étaient faits agresseurs, et réussissaient au moins à empêcher le ravitaillement de l'ennemi. Le fils de Méhémet-Ali passa le printemps et l'été de 1828 dans cette position critique; malgré l'embarras d'une armée tombée dans un dénûment absolu, sa constance et son énergie ne se démentirent pas un seul instant, et tant qu'il n'eut pas reçu d'instructions positives de son père ou de la Porte, il refusa de prêter l'oreille à toute proposition d'arrangement.

Mais rien n'était capable de faire revenir Mahmoud de son aveuglement; aux vives sollicitations des cabinets anglais et français, aux injonctions menaçantes de la Russie, il opposait la même fin de non-recevoir. Au fond, cet entêtement comblait les vœux de Nicolas, qui, trouvant l'emploi de *l'ultima ratio* suffisamment justifié, déclara la guerre, et fit franchir le Pruth à son armée. En même temps la France mettait en route une expédition pour délivrer complétement la Morée. Quatorze mille hommes d'infanterie et quinze cents chevaux, sous les ordres du général

Maison, débarquèrent le 30 août dans le golfe de Kôron; mais ils n'eurent pas lieu de se mesurer avec les troupes égyptiennes. La diplomatie, à l'instigation de laquelle Méhémet-Ali s'était lancé dans cette onéreuse entreprise, lui imposa l'obligation de s'en retirer, en appuyant cette fois ses conseils de la présence de la flotte de l'amiral Codrington; le 6 août 1828, la convention suivante avait été arrêtée entre cet amiral, représentant les trois puissances, et le vice-roi d'Egypte : 1° Le pacha s'engage à rendre toutes les personnes faites esclaves par ses troupes, et envoyées dans ses Etats après la bataille de Navarin. Il promet d'employer toute son influence, d'accord avec les consuls des nations alliées, pour obtenir des habitants la délivrance des esclaves grecs vendus avant cette bataille; 2° l'amiral Codrington s'engage à faire restituer tous les captifs égyptiens et deux corvettes prises dans les eaux de Môdon; 3° les troupes égyptiennes sortiront de la Morée le plus tôt possible, et le pacha d'Egypte enverra des bâtiments à Navarin pour les ramener dans Alexandrie; 4° les navires de transport, en allant et en venant, seront escortés par des vaisseaux de guerre français et anglais; 5° aucun sujet grec, n'importe sa condition ou son sexe, ne sera contraint de quitter l'Egypte pour retourner en Grèce, à moins qu'il n'en manifeste le désir; 6° Ibrahim-Pacha pourra laisser en Morée douze cents hommes choisis dans les réserves égyptiennes pour composer, avec les troupes albanaises qui s'y trouvent déjà, les garnisons de Môdon, de Navarin, de Kôron de Patras, et de Castel-Tornèze. Les Egyptiens évacueront tous les autres points de la Grèce.

Cette convention ne fut pas une des moins singulières façons d'agir des puissances qui, non-seulement se rendaient ainsi arbitres du gouvernement intérieur d'un état, en consacrant la révolte d'une de ses provinces, mais encore reconnaissaient implicitement l'indépendance d'une autre, en traitant avec son gouverneur contre le gré du souverain. Plus tard, et quand ces mêmes puissances voulurent forcer Méhémet-Ali à rentrer dans ses conditions de vasselage, le vice-roi d'Egypte n'était-il pas en droit d'invoquer ce précédent en sa faveur? Tant il est vrai que la force des arguments de la diplomatie n'est guère jamais que l'argument de la force : c'est à ce titre seul que ses raisons ont quelque valeur.

Ibrahim n'avait plus qu'à exécuter rigoureusement les conditions consenties par son père; il s'aboucha en conséquence avec le général français, et le 16 septembre, en vertu d'un accord précédemment conclu, trois mille cinq cents Égyptiens tirés des places fortes, s'embarquèrent avec armes et bagages sur un vaisseau de ligne et

sur vingt-sept transports, qui mirent à la voile sous
l'escorte de la *Syrène* et de deux bâtiments anglais. Le 4 octobre suivant, le reste de l'armée
égyptienne s'éloigna avec le pacha : quant aux
douze cents hommes laissés dans les forteresses,
suivant les termes de la convention, ils furent
transportés à Alexandrie quelques jours après,
par suite de la capture facile de ces places opérée
par l'armée française. Ibrahim-Pacha mit pied à
terre en Égypte le 10 octobre.

XLIV

Pour remplir les ordres de Mahmoud et satisfaire aux demandes du divan, Méhémet-Ali avait
été conduit à prendre des mesures fiscales dont la
rigueur eût été capable d'ébranler une autorité
moins bien assise que la sienne. Lors du premier
envoi des forces égyptiennes à Chypre, les frais
avaient été couverts au moyen d'une contribution
de huit piastres par feddan de terre. La rentrée
de ce premier impôt s'opéra sans difficulté; mais
les besoins venant à croître hors de proportion
avec les ressources ordinaires, Méhémet-Ali s'a-
dressa aux coptes schismatiques, qui déjà l'avaient

tiré d'affaire en pareille circonstance. Par l'avis de
ceux-ci, une taxe fut imposée sur les maisons,
divisées à cet effet en cinq classes, et payant, la
première 50 piastres par unité, la seconde 40, la
troisième 30, la quatrième 20, et la cinquième
10. Le produit devait s'élever à 45,000 bourses environ; mais la population jeta les hauts
cris; ce fut le coup de grâce pour les fellahs :
ceux à qui il restait encore quelque chose,
comme des bestiaux ou quelques grossiers bijoux
à l'usage de leurs femmes, furent contraints de
s'en défaire; les autres abandonnèrent leurs foyers.

Voyant le fâcheux effet de cette taxe sur les
campagnes, le vice-roi hésita à l'appliquer au
Caire, mais sans toutefois y renoncer : il voulut
seulement éviter que les clameurs de la capitale se
joignissent à celles des provinces, et attendre que
ces dernières se fussent calmées pour affronter les
autres. L'événement justifia sa prudence. Les citadins s'étaient flattés de l'espoir d'échapper au
fisc; aussi, lorsque d'après les ordres du kiaya, des
agents se répandirent dans la ville, pour esti-
mer la valeur des propriétés, ces agents furent-ils
accueillis avec une grande rumeur, qui dégénéra
bientôt en une véritable émeute. Les habitants de
Bab-el-Chariè, où elle prit naissance, se portèrent
en foule à la demeure du cheik El-Aroussi, et se
prirent à l'invectiver lui et ses collègues, leur

reprochant toutes les vexations dont ils étaient accablés, et de ne pas laisser néanmoins de toucher de grosses pensions pour soutenir les intérêts du peuple. Les plus mutins le contraignirent à marcher à leur tête ; dans le trajet de chez lui à la mosquée d'El-Azar, dont il était le nazir, il fut suivi d'une foule composée surtout de femmes, qui, échevelées et les bras teints de noir en signe de deuil, l'assaillissaient de pierres et d'injures. Ses domestiques, en stimulant sa mule, hâtèrent son arrivée à la mosquée, aux abords de laquelle il rencontra des yoldaches, qui firent refluer le flot populaire, et protégèrent sa retiaite dans le temple, dont les portes demeurèrent closes.

Méhémet-Ali était alors absent du Caire; on lui expédia sur-le-champ un courrier pour l'informer de l'état des choses. Sa volonté ne plia point; il maintint l'ordre qu'il avait donné, et l'impôt fut perçu. Les notables de la ville, intéressés à la tranquillité publique, calmèrent l'irritation du peuple, qui se retira, non sans menaces, mais sans commettre aucune voie de fait.

XLV

Rassuré, le vice-roi n'en gardait pas moins un vif ressentiment; il fallait une victime à cette colère, et, comme toujours, elle réveilla à point, pour se satisfaire, une vieille inimitié. On n'a pas oublié Seïd-Omar-Makram, ce cheik, premier et plus sûr instrument de l'élévation du Rouméliote, et qui paya ses services d'un exil, qu'il sollicita lui-même, plutôt que de vivre sous la loi tyrannique d'un homme qu'il considérait comme lui devant tout. Lorsque les armes de Méhémet-Ali eurent subjugué le Nedjd, et que lui-même fût venu embarquer à Alexandrie pour Constantinople le dernier et infortuné prince des Ouahabites, quelque dix années s'étaient écoulées depuis que Seïd-Omar avait disparu de la scène politique; le vieux cheik achevait paisiblement ses jours à Tanta, lieu de sa retraite. Soit par un reste d'affection, soit qu'au fond il fût flatté de la prospérité d'un homme dont la fortune était son ouvrage, il envoya son petit-fils au vice-roi, avec une lettre de félicitations sur ses victoires. Méhémet-Ali se montra

empressé de savoir comment se trouvait le vieillard, et en quoi il pourrait lui être agréable.
Le messager lui répondit qu'il se contentait de
faire des vœux pour la conservation de ses jours,
et s'éloigna sans ajouter un mot. Le vice-roi, ne
pouvant se persuader que cette démarche avait
été faite sans un but direct, chargea un de ses
officiers de rattraper le petit-fils du vieux cheik,
et de tâcher de pénétrer ses intentions. « Mon
grand-père, dit le jeune homme, désire seulement
aller faire son pèlerinage à la Mecque. » Dès qu'il
en fut instruit, Méhémet-Ali accorda la permission demandée, et dit à cette occasion : « J'ai
tenu Seïd-Omar éloigné à une époque où j'avais
de justes sujets de crainte, mais les circonstances
ne sont plus les mêmes. Il est libre de retourner
dans sa famille; et quand viendra le moment du
pèlerinage, il pourra s'y rendre par terre ou par
mer, à son choix. Je n'oublierai jamais, ajouta-
t-il, les services qu'il m'a rendus. » Non content de
cette déclaration, il écrivit à Seïd-Omar une lettre
ainsi conçue : « J'ai reçu, mon père, votre lettre
de félicitations, touchant la grâce que Dieu a
daigné m'accorder. Cet événement a rendu plus
grande ma félicité. Je conserverai toujours le
souvenir de vos bienfaits. Votre petit-fils m'a
demandé en votre nom la permission d'aller en
pèlerinage; je vous l'accorde bien volontiers, en

vous priant d'y faire des vœux pour moi, tant pour le présent que pour l'avenir. Vous trouverez ci-joint une lettre de recommandation adressée à mon kiaya. » Agréablement surpris par cette grâce, le vénérable cheik sentit évanouir dans son cœur ses derniers instincts d'animosité, et vint avec sa famille se fixer au Caire. Ses parents, ses amis, et le peuple même, voulurent lui faire une ovation ; mais, après avoir strictement satisfait aux devoirs indispensables, Seïd-Omar manifesta l'intention, qu'il remplit scrupuleusement, de ne vivre que dans l'intimité du foyer domestique. Il se choisit une demeure dans les environs de la ville, et n'en sortit presque plus, ne recevant que quelques-uns de ses anciens disciples.

Cependant, lorsqu'eut lieu le mouvement populaire déterminé par la taxe des maisons, Méhémet-Ali s'imagina que Seïd-Omar en avait été l'instigateur, ou plutôt en voyant à quel point en était arrivée l'effervescence, lorsqu'elle n'avait eu pour stimulant que ce cheik Aroussi, dont la couardise n'était digne d'aucune sympathie, il réfléchit quelle gravité elle aurait pu acquérir, si elle se fût adressée à Seïd-Omar, et eût put se prévaloir d'un nom aussi universellement respecté. Ces motifs guidèrent sa prompte détermination ; un après-midi, un de ses mamelouks se présenta chez le cheik Seïd ; c'était le moment où il faisait sa sieste, et l'officier attendit qu'il fût descendu du harem. Seïd vint vers l'Asr dans la *Mandara* (1), où se tenait le messager, qui commença par lui baiser la main : « Bonne nouvelle, s'il plaît à Dieu, dit le cheik ; — « Méhémet-Ali pacha, mon maître, répliqua l'officier, désire que vous vous rendiez à Tanta. » — « Quand il le voudra, je suis prêt : je vais faire disposer une cange. — C'est inutile, il y en a une au port du vieux Caire, qui est prête et pourvue de tout ce qui est nécessaire à votre voyage. » Seïd partit le même soir, et mourut dans son exil quelque temps après.

XLVI

Ce fait montre que Méhémet-Ali ne laissait pas de mettre une certaine mesure dans la satisfaction de ses rancunes personnelles.

Il n'en était pas de même, nous avons déjà eu l'occasion de le dire, de son fils Ibrahim, et il n'y avait rôle si barbare, même celui de bourreau, auquel sa colère ne pût le faire descendre. On en eut une preuve, vers la même époque, par

(1) Salle de réception des maisons arabes.

l'assassinat du malem Gâli, exécuté de sa propre main, dans les circonstances que nous allons rapporter.

Ce mobâcher (agent, chargé d'affaires), dont il a été déjà question, nourrissait contre le vice-roi une haine qu'expliquaient l'emprisonnement et l'extorsion dont il avait autrefois été victime. Sa position d'employé supérieur aux finances mettait une sorte de vengeance à sa disposition, et on le soupçonnait fortement d'en avoir usé : on l'accusait d'avoir livré à la Sublime-Porte des renseignements précis sur l'état des revenus du pachalik, de manière à fournir les moyens, jusque-là vainement sollicités, de fixer exactement le chiffre du tribut dû au grand-seigneur par son vassal. Rien n'était assurément plus propre à exciter le courroux du pacha; mais l'absence de preuves certaines d'un côté, et de l'autre, la crainte d'une certaine responsabilité vis-à-vis du sultan, lui faisaient écarter l'idée d'un châtiment ostensible et exemplaire. Méhémet-Ali se concerta avec son fils Ibrahim sur ce sujet, et comme il était d'autres griefs, que l'administration du malem pouvait rendre plausibles, c'est à leur faveur qu'Ibrahim se chargea d'exécuter sur ce malheureux la sentence de mort à laquelle on n'osait point donner un caractère public. Aussi, cet abominable meurtre n'eut-il même point l'excuse d'un mouvement

irréfléchi de fureur; il s'accomplit avec cette circonstance aggravante de préméditation, qui en-
courre chez les nations civilisées toutes les rigueurs de la loi. Lors d'une tournée dans la Basse-
Egypte, Ibrahim fit appeler auprès de lui le Malem,
qui était occupé dans la province de Garbïè à surveiller l'arpentage des terres; dès qu'il fut arrivé,
le pacha lui chercha dispute pour des motifs re-
latifs à sa gestion, et le chassa de sa présence en
l'apostrophant grossièrement; et comme celui-ci
s'obstinait à rester, il donna ordre à ses mamelouks de le saisir : « Tuez-moi ce chien-là, » leur
dit-il. Trois d'entre eux l'entraînèrent hors de la
tente. Le malheureux se débattait contre ses
bourreaux en criant grâce, et ceux-ci, en effet,
jugeant l'ordre trop barbare et provoqué par
un accès de courroux, suspendaient leurs coups :
« Comment! leur cria Ibrahim, vous refusez
de m'obéir, » et aussitôt il tira un coup de
pistolet qui abattit le patient. Ce fut alors parmi
les sicaires à qui le frapperait; l'un lui donna un
coup de sabre sur la tête; comme il s'était relevé
les mains jointes, une seconde balle qu'il reçut
dans la poitrine le renversa mort : son cadavre
resta exposé à la vue du camp pendant quatre
heures. Son jeune fils était présent à cette scène
atroce, et c'est à grand'peine qu'il obtint de faire

inhumer les restes de son père dans l'église copte du voisinage.

C'est ainsi qu'Ibrahim préluda à l'expédition de Morée.

La nouvelle fit grande sensation au Caire, où Gâli jouissait de la considération, aussi bien pour son état de fortune et son habileté que pour sa bienfaisance et sa générosité. La seule chose qu'on pût lui reprocher était un peu de rudesse dans les manières. Les fellahs lui attribuant, dans leur ignorance, tous les maux que leur causaient les exactions du gouvernement, s'acharnèrent sur son corps déjà mutilé.

XLVII

Ces événements furent à peu près les seuls dignes de remarque qui se passèrent en Égypte pendant que les troupes de Méhémet-Ali, associées à celles du sultan, combattaient les Grecs. Ceux-ci cherchèrent à prendre, au moyen de leurs vaisseaux une revanche des coups terribles que leur portait Ibrahim-Pacha ; leur escadre, dirigée par Tombusis, osa tenter d'incendier les vaisseaux égyptiens dans la rade d'Alexandrie. Le 17 juin 1827, elle parut devant le port, au nombre de vingt-trois voiles, dont une frégate. Canaris et deux autres capitaines montaient des brûlots ; tous trois, profitant de la nuit, coururent sur un brick turc qui était en station au large, et l'enflammèrent avant qu'il ne pût gagner le port. L'équipage fut sauvé, grâce au secours envoyé par le vice-roi, qui, à la première alerte, s'était jeté dans son yacht, et donnait partout des ordres dont il surveillait lui-même l'exécution. Il fit aussitôt préparer et mettre sur la défensive les batteries de terre ; en même temps, vingt-cinq bâtiments commandés par son gendre, Moharem-Bey, sortaient à la rencontre de l'ennemi : mais les Grecs avaient disparu dès qu'ils virent que la surprise méditée avait été déjouée par la vigilance de Méhémet-Ali. Moharem-Bey chercha quelque temps les vaisseaux grecs, et les trouva dans les eaux de Rhodes, où ils cherchaient à opérer un débarquement. A la vue de l'escadre égyptienne, ils se dirigèrent à toutes voiles vers l'Archipel.

A la même époque, une insurrection éclata à la Mecque. Au milieu même du temple de la Kâba, le chérif Yahia, dont il a été question lors des affaires du Nedjd, assassina son neveu, qu'il soupçonnait de vouloir subrepticement se mettre à sa place. Le plus clair des espérances de ce neveu

était fondé sur les relations étroites qu'il entretenait avec le gouverneur, Ahmed-Pacha ; et Yahia,
craignant avec juste raison d'être pris à partie
par celui-ci à l'occasion de ce meurtre, se réfugia
parmi les bédouins de la tribu de Harb, toujours
prêts à se soulever. Comme toujours aussi, les insurgés infestèrent les environs de la Ville-Sainte
de leurs brigandages. Ahmed-Pacha marcha contre eux à la tête d'un fort parti de cavalerie ; mais il
fut battu près du mont Arafat, et le parti du chérif,
grossi rapidement de toutes les hordes qu'attirait
l'espoir d'un pillage irréfréné, devint formidable.
Aussitôt qu'il fut instruit de ces faits, Méhémet-Ali
donna l'investiture du chérifat à un certain
Mohammed-Ebn-Haun, qui résidait au Caire, et
le mit en route le 5 octobre 1827, avec cinq bataillons de troupes du Nizam et mille cavaliers
maugrébins. Nous verrons plus tard ce qu'il en
advint.

FIN DU TOME DEUXIÈME.

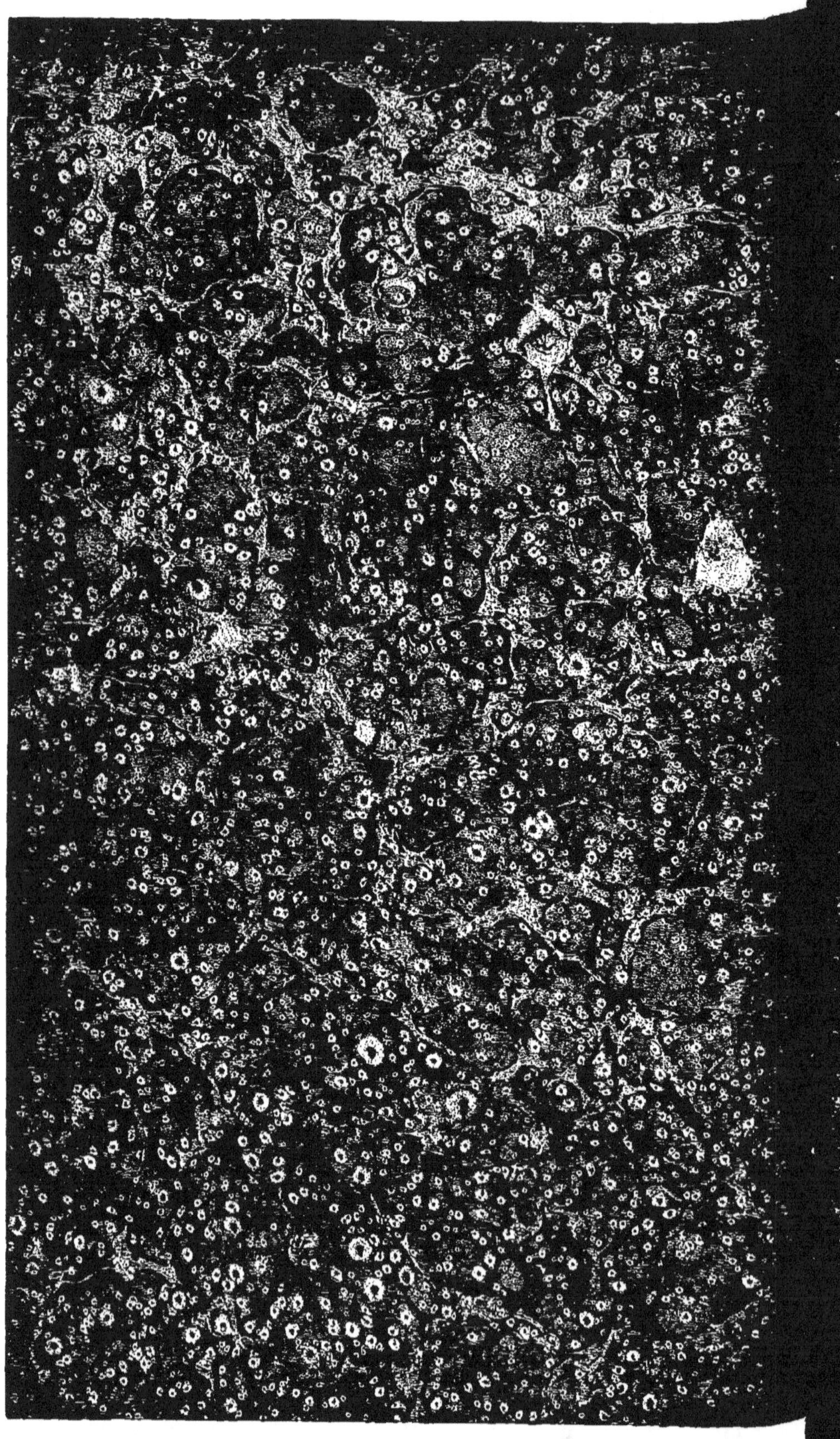

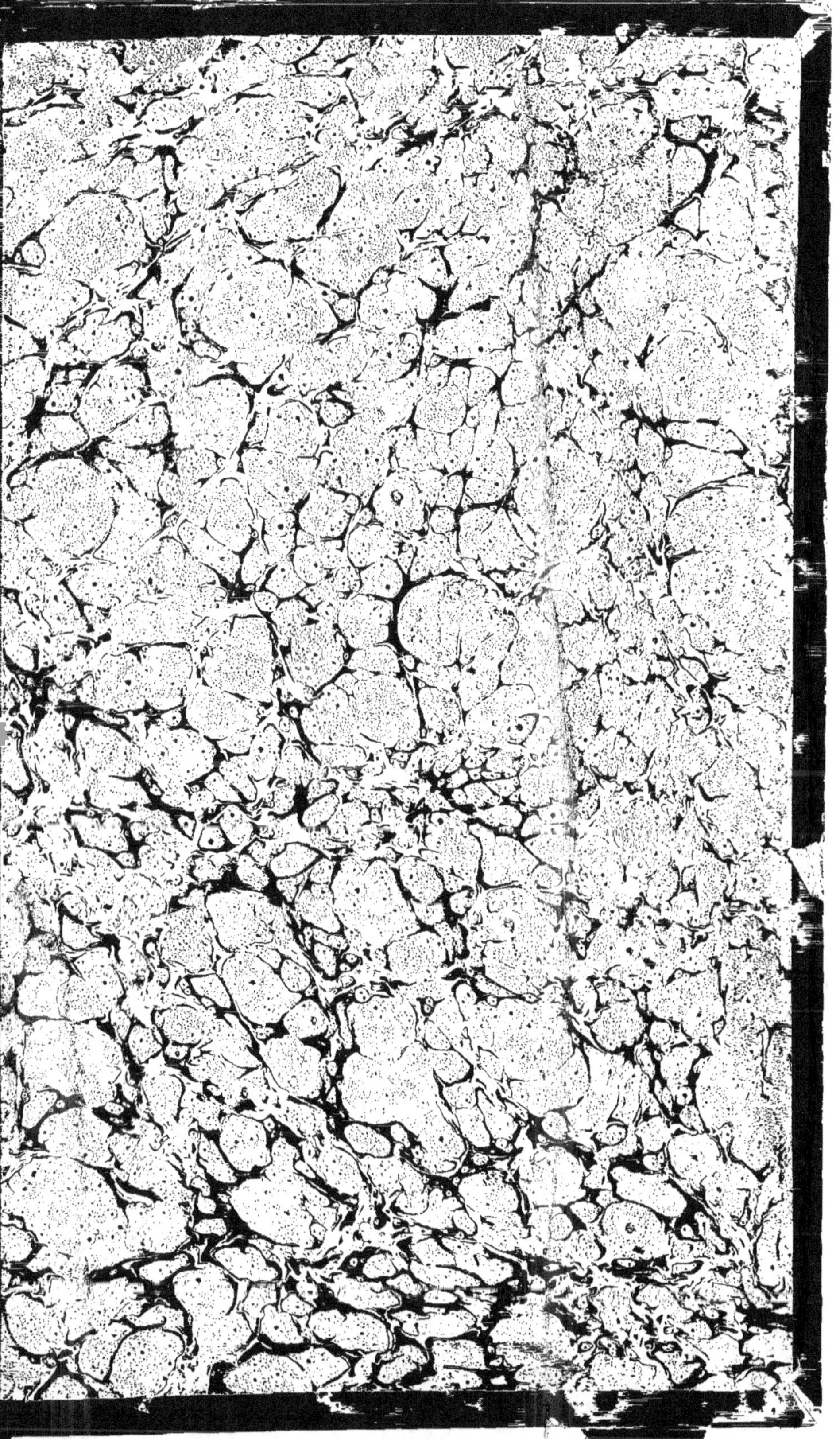